밤하늘의 천국

밤하늘의 천국

발행일   2025년 10월 23일

지은이   양선례
펴낸이   손형국
펴낸곳   (주)북랩

출판등록   2004. 12. 1(제2012-000051호)
주소   서울특별시 금천구 가산디지털 1로 168, 우림라이온스밸리 B동 B111호., B113~115호
홈페이지   www.book.co.kr
전화번호   (02)2026-5777   팩스   (02)3159-9637

ISBN   979-11-7224-893-2 03810 (종이책)   979-11-7224-894-9 05810 (전자책)

작가 연락처 문의 ▸ ask.book.co.kr

전용 게시판에 문의를 남기시면 저자에게 직접 전달됩니다.

(주)북랩 성공출판의 파트너

북랩 홈페이지와 SNS에서 다양한 출판 솔루션을 만나 보세요!

홈페이지 book.co.kr   •   블로그 blog.naver.com/essaybook   •   출판문의 text@book.co.kr
카톡채널 북랩

양선례 수필집

밤하늘의 천국

북랩

3년 전에 첫 수필집을 내고 한동안은 밥 안 먹어도 배가 불렀다. 말하지 않으면 알 수 없는 내밀한 이야기가 많아서 조금 부끄러웠지만, 그걸 상쇄하고도 남을 만큼 행복했다. 불확실하고 두려운 오늘이지만 뒤돌아보면 그 또한 지극히 아름답고 애틋한 과거가 될 것이기에 오늘도 뚜벅뚜벅 기록하며 걷는다.

나와 가족, 친구, 동료 등 주변 사람들 이야기가 주를 이루며, 하루가 다르게 달라지는 교단 문화도 몇 꼭지 넣었다. 이훈 교수님과 글쓰기를 함께 공부하는 다정한 벗, 그리고 언제나 내 글의 소재가 되어 주는 가족들과 기쁨을 나누고 싶다.

2025년 여름
양선례

목차

4부

1부

꿈

일어나니 남편은 새벽 수영을 가고 없었다. 문자를 보냈다. 아홉 시 반에 떡집에서 미리 주문해 둔 호박 설기와 꿀떡, 열 시에 김밥 70줄을 찾아오라는 내용이다. 부랴부랴 씻고 딸아이가 운영하는 카페로 갔다. 어젯밤 집에 온 아들과 예비 며느리까지 동원하여 감을 깎고 있으니 단짝 친구가 온다. 샤인 머스캣과 멜론을 씻었다.

형님 집에서 빌려 온, 음식을 담아 둘 커다란 접시와 개인이 쓸 앞 접시 50여 개도 닦았다. 그 사이 광주 여동생도 도착해 감 깎는 데 손을 보탠다. 둘째 형님이 산에서 직접 주운 밤과 커다란 동부 콩을 넣어 떡집에서 찐 찰밥, 온갖 약초를 넣어 밤새 끓인 물을 들고 온다. 찰밥은 보온밥통, 약초 물은 주전자에 옮겨 담았다.

시계를 보니 30분이 채 남지 않았다. 서둘러 미리 골라둔 옷으로 갈아입었다. 2년 반 전 새 학교에 부임하면서 산 것인데 딱 한 번밖에 입지 않았다. 새빨간 원피스로 소매는 가오리 모양이고, 치마 끝이 양쪽으로 퍼져서 인어공주의 꼬리를 떠올리게 한다. 그 모양이 맘에 들어서 산 건데 오랜만에 입어 보니 살짝 작았다. 몸에 딱 붙어 통통한 중부 지방이 그대로 드러났다. 그때는 웃돈까지 주고 옆선을 늘렸는데 막상 개학일에는 어쩌나 춥던지 입지도 못하고 지금껏 옷장만 지키고 있었다.

머칠 전에 다시 입으니 그사이 살이 좀 빠졌는지 잘 맞았다. 붉은 원피스는 시선을 사로잡는다. 다들 멋지다고 한마디씩 하는데 머리가 거슬린다. 친구에게 총지휘를 부탁하고 급하게 집 부근 단골 미용실로 향했다. 오늘은 내가 주인공이니 여기까지는 하자고 마음먹는다. 손님이 없어서 다행이다.

"오늘 무슨 날인가 봐요?"

한껏 멋을 부린 걸 보고는 묻는다. 그냥 좋은 날이라고 대답하고 권하는 자리에 앉았다. 10분 만에 끝낸 것치고는 꽤 마음에 든다. 역시 전문가다.

카페로 돌아오니 정각 열한 시. 떡과 김밥, 딸아이가 오븐에 구운 소금빵과 고구마, 찰밥과 김, 과일 세 가지, 내가 좋아하여 준비한 껍질 벗긴 생밤이 보기 좋게 차려져 있다. 뷔페에 비할 건 아니지만 점심 한 끼를 때우기에 그리 부족해 보이지는 않는다.

오늘은 첫 수필집 〈어느 구름에 비 들었을까〉 출판 기념회 날이다. 지역의 문인협회에서 오래 활동했기에 몇 번 행사에 초대받은 적이 있다. 뷔페에서 거하게 저녁을 먹으면서 하기도 하고, 카페에서 간단한 다과로 치르는 이도 있었다. 정치인처럼 후원금을 걷거나 세를 과시하는 것도 아니기에 격식을 따지지 않고 자유롭게 하고 싶었다. 오래 나를 지켜보고 응원해 준 사람을 모시고 한턱 내고 싶은 마음도 컸다. 정오부터 카페 문을 여는 딸아이의 영업에 피해를 적게 주려고 시간도 오전 열한 시부터 오후 두 시까지로만 정했다. 색소폰 연주자도 불렀다. 아마추어이지만 20년이나 음악을 해 왔기에 실력은 수준급인 지인이다. 별도의 사회자 없이 그와 내가 분위기 봐 가며 진행하기로 했다.

시간이 되자, 자리가 차기 시작했다. 딸아이가 미리 준비하여 붙인 현수막과 지인이 보내준 꽃바구니가 잔치 분위기를 높였다. 나와 일주일마다 만나 밥과 차를 나누는 언니들도 왔다. 전임지에서 함께 근무한 교장 선생님을 비롯한 동료 직원들도 여섯 명이나 왔다. 우리 학교 교직원도 여럿 보였다. 문인협회 회원이면서 동인 활동을 함께하는 사람들도 한자리를 차지했다.

남편 회사 동료와 초등학교 친구 몇이 찾아온 건 뜻밖이었다. 아들과 예비 며느리는 자리마다 다니면서 차를 주문받았다. 음료를 만드는 큰딸과 아르바이트생 둘의 손놀림이 부산했다. 색소폰 연주자이면서 오늘의 사회자인 지인은 능숙하게 분위기를 이끌어 갔다.

갑자기 사회자가 나를 부른다. 가장 마음에 드는 글을 직접 낭독하란다. 사전에 말을 맞춘 게 아니라서 당혹스럽다. 뭘 읽을까 고민하다 교직 20년을 맞이한 소회를 썼던 글을 읽었다. 그사이 잘 차려입은 세 분의 시누이도 오셨다. 정 많은 둘째 시누이는 초대장을 보냈을 때부터 '가문의 영광'이라며 추켜세웠다. 남편과 큰형님도 앞에 나가 인사한다.

"제기 외조를 질했더라면 지금쯤 내하소설을 쓰고 있을 텐데 그러지 못해 미안합니다."

남편의 말에 와자지껄 웃음이 터진다. 무슨 말을 할 건지 미리 생각해 두었는지 능청을 떨었다. 친구와 전임지 동료가 연주에 맞춰 노래도 한 곡씩 불렀다. 가을에 잘 어울리는 색소폰 연주가 이어지는데 사람들은 먹느라 소란스럽다. 그게 나는 또 미안하다. 사람이 들고나고, 그때마다 자리 찾아가며 인사를 나누었다.

두 시 반이 되자, 손님이 거의 빠졌다. 딸아이는 약속된 시간이 지났다고 야단이다. 그런데도 뒤늦게 발동이 걸린 색소폰 연주자는 이제 힘드니 그만하라는 만류에도 멈추지를 않는다. 일반 손님이 들어오니 아예 그들의 신청곡까지 받는다. 그렇게 이어진 콘서트(?)는 오후 네 시가 되어서야 끝났다. 알고 보니 코로나 이후 3년 만에 처음 무대에 선 거라 기분이 좋았단다. 호응해 주는 관객이 있어 더 흥이 났나 보다.

책을 펴내면 언젠가 한 번은 하고 싶었다. 이번에 제대로 소원을 풀었다. 그런데 두 번은 안 할 거다. 의도와는 다르게 여러 사람을 힘들게 했다. 신경 써야 할 것도 많았다. 무엇보다 딸아이에게 미안했다. 편하게 열 수 있는 딸아이의 카페가 없었더라면 이런 묘수를 내지도 않았을 것이다.

문인 협회 회원으로 활동한 지 25년이 넘고 보니 책을 묶고서도 글이 많이 남았다. 아이들은 이미 자라 서른이 넘었는데, 그들의 어린 시절을 여러 편 넣기는 어색했다. 신문 기사만 시의성이 있는 것이 아니라 일반 수필도 그런다는 걸 책을 묶으면서 깨달았다. 진즉 좀 서둘걸. 한편으론 후회도 되지만 그때는 또 시간도, 마음의 여유도 없었다.

무엇이든 때가 있다. 씨 뿌릴 때, 공부할 때, 결혼할 때. 그 경계가 옅어지고 있지만 때를 놓치면 몇 배로 힘이 든다. 머잖아 두 번째 수필집도 펴내려고 한다. 한 번 가 본 길은 조금 더 쉽게 찾아갈 수 있으리라. 오래 꾼 꿈을, 드디어 이뤘다. (2022)

귀향

학교를 옮겼다. 20대 중반 교직에 들어선 이후 열다섯 번째 학교다. 이제 정년이 4년 남았으니 어쩌면 마지막 학교가 될지도 모르겠다. 익숙해질 때도 되었건만 인사 이동에는 여전히 두려움과 긴장이 함께한다.

교사 시절에는 그곳이 어디건 아이들이 있으니 금세 녹아들 수 있었다. 그런데 관리자가 되고는 그러기가 쉽지 않다. 낯선 공간, 학교마다 다른 문화와 교직원 사이에서 나를 알리고 자리를 잡는 데 시간이 걸린다. 너무 가깝지도, 그렇다고 멀지도 않은 적당한 간격을 유지하는 게 갈수록 힘들다.

공모 교장은 힘이 없다. 발령 순위가 기존 교장보다는 뒤, 신규 교장보다는 앞이다. 주는 대로 밥상을 받았더니 32학급, 800명 학생이 재학 중인 대규모 학교다. 지난 4년간 근무했던 7학급, 73명이 다니던 학교에 비해 학생 수가 열 배나 많아졌다. 누구는 학교 규모만 보고 영전이라고 하지만 그런 교단의 실정을 몰라서 하는 말이다.

능력 있고 힘 있는 경력자는 작은 학교, 공모 교장이나 신규 교장이 큰 학교로 부임하는 게 요즘의 추세다. 학생 수가 많다 보면 학교 폭력이 일어날 가능성이 크고, 학부모 민원에 시달릴 확률도 높아 일어난 현상이다.

이삿날을 받아놓은 날엔 비가 왔다. 작년 이맘때였더라면 환영받을 비지만 올해는 아니다. 1주일씩 이어지던 겨울비가 그친 지 며칠이나 되었다고 또 비다. 전날 밤부터 종일 내리는 데다 겨울비치고는 굵다. 이삿짐 대부분이 책이라서 예약된 용달차에 짐을 실을 순 없었다.

우여곡절 끝에 승용차 석 대에 나눴다. 여동생 둘과 제부, 그리고 작은딸까지 와서 손을 보탰다. 책을 묶고, 옮기는 수고에 비하면 정리는 빠르게 끝났다. 사무실은 기존에 쓰던 곳보다 두 배나 넓었다. 짐을 다 부리고 나도, 공간이 많이 남았다.

고흥에서 공모 교장으로 4년을 보냈다. 행정 10급이라는 말이 있을 정도로 업무는 많고, 권한은 적은 교감을 6년이나 했으나 교장 발령은 요원하여 밑져야 본전이라는 생각으로 도전한 자리였다. 지역색 강하고, 학부모 민원이 많은 곳이라고 말리는 이도 있었다. 그 4년이 후딱 지났다.

뜻 맞는 교직원과 이쁜 아이들 덕분에 알차게 학교를 경영할 수 있었다. 마지막 해에는 동문과 학생이 함께하는 100주년 생일잔치도 성대하게 치렀고, 100년사 편찬에 마지막까지 힘을 보태 더 의미가 깊었다. 사람은 그만큼 살기 어려운데 학교는 살아남아 100세 생일을 맞은 게 내 모교는 아니지만 감개무량했다.

아무리 정들어도 4년 이상을 근무할 수 없다는 걸 알면서도 자꾸만 미련이 남았다. 교직 성장의 한 획을 그은 그곳이 친정처럼 그리운 이름으로 남아서 참 다행이다.

　새 학교는 삭막했다. 사방이 아파트 숲으로 둘러싸인 한가운데 있었다. 위에서 내려다보면 운동장이 한눈에 들어왔다. 트인 공간이 아무 데도 없으니 답답하기 그지없었다. 사무실도 창틀이 높고 창이 좁아서 하루 종일 햇살 한 줌 들어오지 않았다.

　고개만 들면 산과 하늘이 보이고, 교정인지 정원인지 분간이 안 가던 아름다운 학교에 익숙한 내 눈에는 거대한 콘크리트 더미로만 보였다. 나무 상자에 담긴 직사각형 텃밭에 심긴 작은 당근이 안쓰럽게 싹을 틔우고 있었다. 학교 교목이 매실나무라더니 추위에도 얼굴을 내민 매화가 그나마 반가웠다.

　이곳에서 짧게는 2년, 길게는 4년을 살아야 한다. 예상하지 못한 낯선 학교로 발령을 받았지만 이 또한 알 수 없는 인연의 힘이라면 정붙이고 살아 내는 것이 내가 할 일이리라. 봄이면 학교 뒤뜰에 산수유가 환하고, 살구나무에 꽃이 피면 벌떼가 잉잉거리며 꿀을 빨던, 선후배가 친구처럼 어울려 정답게 재잘대던 학교는 이젠 기억에서나 찾아야 한다. 모든 건 마음 먹기나름. 도시와 농촌을 번갈아 가며 근무할 수 있는 이 행운에 감사해야겠지.

　새 학교에 부임하고 사흘째 되던 날, 아침에 눈을 뜨니 머리는 무겁고 콧구멍은 막혀 있었다.

　'딱 하루만 푹 쉬면 괜찮아질 것 같은데…'

그런 마음을 누르고 털고 일어나니 기다렸다는 듯 마른기침이 터지면서 콧물이 줄줄 흐른다. 그래도 개학 첫 주부터 쉴 수는 없다. 병가 하루 낸다고 누가 뭐라는 사람 없지만 내 마음이 편치 않다. 나를 아는 지인은 이런 나를 '미련곰탱이과'라며 답답해하지만 어쩌랴? 그래야 내 맘이 편한 것을.

억지로 자리를 지키고 있었더니 문턱이 닳도록 선생님이 드나든다. 도서, 학습 준비물, 방과 후, 상담, 특수, 환경 물품, 청소 용품, 녹색 어머니회, 늘봄 학교 등 헤아릴 수 없이 많은 1년 계획을 들고, 결재를 했다. 들어오는 선생님의 이름도 다 외우지 못했는데, 과부하다.

멍한 머리에다 억지로 구겨 넣었더니 오후가 되자 감기 증상이 훨씬 심해졌다. 으슬으슬 춥고, 눈알이 빠질 듯 아팠다. 따뜻한 아랫목에 눕고만 싶다. 된통 감기에 걸렸다.

35년 전에 초임 발령을 받은 고향에서 교직을 마무리할 수 있게 되었다. 초중고 학창 시절을 보냈고, 교사로 17년을 살았으니 익숙한 곳이지만 그래도 15년 만의 귀향이라 어색하기도 하다.

골골거리면서도 조퇴하지 않고 견딘 내가 대견하다. 아직은 낯설지만 머잖아 이곳은 곧 '우리 학교'가 될 것이다. 이제부터 시작이다.

(2024)

만남

아침에 아이 한글을 가르치고, 부지런히 공문을 처리했다. 열한 시 40분, 외출을 내고 목적지로 향했다. 오늘은 제자와 점심을 먹기로 한 날이다. 헤아려 보니 무려 30년 만이다.

광양서초에서 6학년 8반을 담임하면서 만났던 아이들이다. 학생 수는 1,500명이 넘었다. 교육청에서 근무하다 우리 학교에 부임한 교장 선생님은 "우리 학교 학생 수가 1,500명이 넘어요. 구례 관내 학생 수보다 더 많아요. 내가 구례 교육장과 맞먹는 아이들을 가르치고 있는 셈입니다."라고 기회만 있으면 자랑했다. 전남에 몇 안 되는 복수 교감 체제였다.

열린 교육과 인성 교육을 주제로 교육부와 도 지정 연구 학교를 연달아 운영해서 승진을 꿈꾸는 선생님들이 모였다. 점수를 노리고 이동한 건 아니었는데 나 역시 4년 동안 5년 치 연구 점수를 모았다. 연이 맞아야 딸 수 있는 점수를 교직 초반에 쉽게 챙겼으니 지금 생각해도 운이 좋았다. 학교를 긍정의 눈으로 바라보며 협조하는 학부모와 정서적으로 안정된 아이들, 열심히 하려고 모인 선생님의

3박자가 잘 맞아서 학교는 바쁘면서도 활기차게 움직였다.

남자 넷, 여자 넷으로 동학년 선생님과의 합도 좋았다. 저경력 교사를 막 벗어났지만(교직 6년 차) 여전히 모르는 것투성이였던 내게 교직 생활의 보람과 동학년의 매력을 듬뿍 느끼게 해 주었다. 어려워하던 체육 수업 교수법과 아이들 생활 지도나 학부모 상담법 등을 배울 수 있었다. 그중 한 분은 닮고 싶은 선배여서 물어 가면서 따라 했다. 이제야 교직에서 멘토로 삼을 만한 분을 만난 것이다.

체육 수업은 합반으로 운영했다. 남자 선생님이 주 교사, 나는 보조 교사가 되어 협력 수업으로 이루어졌다. 우스갯소리로 하던 "아나(여기 있다), 공!" 수준을 벗어나지 못하던 내게 수업은 어떻게 해야 하는지를 깨우쳐 주었다. 교육과정에 막 도입된 움직임과 비 움직임 운동, 텔레비전에서나 보던 곤봉과 리본 체조를 가르치던 장 선생님은 교직 멘토로 삼기에 충분했다.

퇴근 후에는 간혹 강당에서 4대 4로 배구하며 친목을 다졌다. 코트가 좁아진 만큼 동료 사이는 끈끈해졌다. 여교사는 공을 바닥에 한 번 튀겨서 넘겨도 인정해 주었다. 스트레스를 날려 버리는 시원한 웃음이 연달아 터졌다. 잔디밭에서 족발이나 통닭을 먹으면서 동학년 단합대회를 겸했다. 학교가 이렇게 재미있을 수 있다는 걸 가르쳐 준, 페스탈로치 같은 교직 선배에게서 배울 게 많았던 해였다.

다른 반은 2층, 8반인 우리 반만 1층 행정실 옆에 교실이 있었다. 따로 떨어져서 처음에는 쓸쓸하게 느껴졌으나 곧 익숙해졌다. 비교

대상이 없으니 남의 눈치 보지 않고 특색 있게 학급을 운영할 수 있었다. 우리 반 아이들은 수학이나 영어 경시대회, 군 육상 경기 대회에서도 늘 상을 받았다. 엄마들의 뒷바라지로 경시대회를 저녁까지 챙기며 준비하던 시절이라 경쟁이 치열했다. 중간평가에서 누가 몇 개 틀려 1등을 했는지, 어느 반에서 나왔는지가 학부모 초미의 관심사였다.

7반과 합반으로 하는 체육 수업에서도 시범을 보이는 아이는 우리 반에서 나왔다. 수업은 7반 선생님이 주도하는데 경기에서 승리하는 건 대부분 우리 반이었다. 학기 말에는 졸업생 한 명에게만 주는 '학교장 상'을 우리 반 두 아이 중 누구로 할 것인지를 두고 골라야 하는 행복한 고민에 빠지기도 했다.

가만히 두어도 학급이 잘 굴러갔다. 마흔여섯 명의 아이들과 친구처럼 마음이 잘 맞았다. 그래선지 졸업하고서도 연락하는 제자가 꽤 있었다. 홍민이는 2학기 반장이었다. 리더십이 있거나 공부를 잘하는 건 아니었는데 인기 투표처럼 친구들이 표를 몰아줬다. 준이에게서 소식은 종종 들었으나, 얼굴을 보기는 처음이었다. 또래 평균보다 작았던 그는 186센티의 키를 자랑하는 훤칠한 청년이 되어 있었다. 거리에서 스쳐 지났더라면 몰라봤을 것이다. 10년 차 시청 공무원으로 늦게 결혼하여 아직 아이는 없다고 했다. 근사하고 멋진 청년으로 자라 뿌듯했다.

또 다른 제자 준이는 아픈 손가락이다. 검정고시로 중학교를 마쳤다고 말했지만 그 아이의 흰 머리카락과 빠진 송곳니에서 그가 살아온 세월이 녹록지 않았다는 걸 느낄 수 있었다. 아직 미혼이다. 당시 우리 반 아이들 소식을 전해 주는데, 꽤 많은 아이들이 여즉 결혼을 하지 않아서 놀랐다. 요즘 젊은이들이 결혼, 출산을 포기한 다더니 실감이 났다.

준이는 종종 스승의 날 무렵이면 전화해서 안부를 묻는다. 똑똑하고 잘난 아이들은 선생님을 찾지 않는다. 학원, 방과 후 학교 등으로 굳이 학교가 아니어도 선생님은 넘쳐 나고 설사 마음이 동한다 해도 찾기까지는 다들 사는 게 너무 바쁘기 때문이다. 그런데도 홍민이와 연락이 닿아서 이런 자리까지 주선했으니 고맙기 짝이 없다.

저녁에는 홍민이가 보낸 사진이 톡방에 가득했다. 백운산 억불봉 (바구리봉, 해발 1,000미터)에 학급 아이들 전체가 소풍 가서 찍은 사진도 그중 하나였다. 나는 학급 경영부를 펼쳤다. 지금 같으면 민감한 개인 정보인 학부모의 직업, 종교, 학력까지 고스란히 나와 있었다(교직에 머물렀다는 증표가 그것 하나라서 나는 자료를 다 모아 두었다). 일일이 수기로 작성하여 '수, 우, 미, 양, 가' 평어까지 정리한 성적표도 보였다.

오랜만에 추억에 젖었다. 얼굴에 광대뼈가 도드라지게 보이지만 젊고 열정 넘치던 내가 거기 있었다. 아이 키우느라 바빠서 규칙적으로 편지를 보내던 제자에게 답장 한 줄 쓸 수 없었던 무도의 시간이기도 했다. 한없이 이어질 것만 같던 그 시간이 어느새 신기루처럼 사라지고, 몸피는 낡고 삭았으나 마음은 한없이 여유 있는 오늘의 내가 되었다.

옛 담임을 보겠다고 귀한 점심시간을 쪼갠 홍민이와 준이가 고맙다. 우직한 소나무처럼 고향을 지키는 두 아이를 위하여 다음번엔 내가 밥 한 번 사리라 다짐한다. (2024)

빚쟁이

연달아 여고 동문 모임이 있었다. 월요일엔 전임 회장단, 이튿날 은 기수 대표가 만났다. 첫 모임은 후배가 운영하는 국밥집에서 열 렸다. 일곱 명밖에 되지 않아 단출했다. 허파, 간, 순대 등의 삶은 고기가 가운데 놓이고 각종 쌈이 푸짐했다. 음식을 맛보다는 눈으 로 먼저 먹는 나는 아예 먹지 않는 요리이다. 오늘 물주인 선배가 이미 주문까지 해 두어서 선택의 여지가 없었다. 맛이나 보라고 권 해 작은 거 하나를 집었지만 고기 잡내가 물씬 풍겨서 입에 댈 수 가 없었다. 결국 콩나물국밥을 따로 시켜서 배를 채웠다. 현 회장 이 올해 명랑 운동회로 치러지는 동문 체육 대회에 협조해 달라고 부탁했다.

다음 날은 삼겹살 집이었다. 학교는 다른 직장보다 일찍 퇴근하기 에 약속 시간이 남아서 혼자 천변을 걸었다. 춥지도 덥지도 않은 데 다, 연초록 물결이 아름다워 걸을 맛이 났다. 그 바람에 너무 멀리 갔는지 오히려 10분 지각하고 말았다.

어제와는 달리 기수별로 모인 선후배가 꽤 많았다. 우리 기에서

회장이 나왔지만 나 말고 다른 친구는 보이지 않았다. 그래도 눈에 익은 선후배와 1년 만에 만나니 반가웠다. 집행부에서는 당일 행사 개요를 알려 주며 후원금 모금을 당부했다. 또 내년에 회장이 될 상임 부회장을 누구로 할지 협의했다.

해마다 6월 둘째 주 토요일에 여고 총동문회가 열린다. 벌써 25년째다. 나는 초창기 몇 년을 빼고는 꾸준히 이런저런 역할을 맡았다. 고향 언저리에서 직장 생활을 했기에 가능한 일이었다. 집행부에서 6년간 재무를 맡다가 나중에는 회장이 되었다. 이번 회장은 우리 기에서 세 번째다. 입학식이나 졸업식이 내가 근무하는 학교와 비슷한 시기에 열리기에 한 번도 준비된 단상에 앉지는 못했지만 그래도 회장이라는 감투가 무거웠다. 20년 가까이 동문회에 관심을 두다 보니 똑똑하고 잘난 사람이 1년에 한 번 얼굴 내미는 것보다 가까운 데서 고만고만 살아가는 선후배가 주기적으로 만나 모교를 사랑으로 바라보고, 잘되기를 비는 마음이 더 귀하다는 걸 깨달았다.

여중과 여고는 담벼락 하나를 사이에 두고 있다. 여고는 처음엔 여중 건물 한쪽에서 개교하였다. 몇 년이 지나도록 독립된 건물이 없었다. 내가 사는 읍 지역에는 농업고등학교 하나뿐이어서, 인문계는 아예 없었다. 공부 좀 한다는 학생은 인근 도시로 다 빠져나갔다. 내가 입학할 무렵에야 비로소 3층으로 된 하얀색 단독 건물이 세워졌고, 3학급에서 5학급으로 정원이 늘었다. 학교의 적극적인 홍보 덕인지, 아니면 중3 담임 선생님의 각별한 애정 때문인지는 지금도 헷갈리지만 나는 담임의 권유로 지역에 있는 신생 여고(그래도 중학교 더부살이부터 역사를 세기에 9회 졸업생이다)에 진학했다.

운동장이 있어야 할 곳엔 푸른 보리밭이 길게 이어졌다. 하필 교복 겉옷과 플레어스커트도 초록이어서 보리밭과 깔 맞춤을 한 그때 사진을 보면 웃음이 절로 난다. 공부는 시험 볼 때나 하는 것일 뿐, 3학년이 될 때까지 친구들과 신나게 논 기억이 훨씬 많다. 내가 가고 싶었던 도시의 명문 여고는 월요일 아침마다 보는 쪽지 시험부터 시작해서 월말 평가 등으로 1년 내내 시험이 이어졌다. 우린 중간과 기말 평가만 보면 그만이었다. 도시로 간 친구들이 평가와 경쟁에 시들어 가는 동안, 나는 친구들과 노느라고 바빴다. 그들은 내 '평생 친구'가 되었다.

지난달 친구 딸내미 결혼식장에서 40년 만에 여고 동창을 만났다. 그새 이름이 바뀌어 있었다. "아니, '인숙'이가 어때서 개명하고 그래? 나처럼 촌스러운 이름도 꿋꿋이 버티는데." 내가 한마디 하자, 다른 친구가 말했다. "'선례'가 어때서? 이름 좋아." 하하. 이런 말도 듣다니, 오래 살고 볼 일이다. 콤플렉스까지는 아니지만 그렇다고 맘에 들지도 않았다.

"여러분을 만나면 항상 마음이 설레는 선례, 선례, 양선례입니다." 지금이야 율동까지 곁들이며 너스레를 떨지만 한동안은 나도 남들처럼 세련된 이름이기를 바랐다. 한자 뜻풀이로는 한술 더 뜬다. 착하고 예절까지 바르게 사는 게 어디 쉽냐고? 나중에야 안 사실이지만 인숙이는 수도권에 고급 미용실을 여러 개 둔 사업가로 성공했단다. 어쩐지 머리에 쓴 두건이며, 목에 감은 머플러가 예사롭지 않더라니.

그런데 그녀가 또 말했다. "넌 절대 이름 바꾸지 마. 그 덕에 교장까지 오를 수 있었던 거야. 정말 대단하다." 교사에서 교감, 그리고 학교를 경영하는 교장이 되는 건 교단에 있는 사람에게는 비교적 자연스럽다. 벽지 점수 따느라고 섬에서 아이 셋 데리고 3년을 살아야 했고, 원하는 근무 성적 받느라고 마음고생도 했지만 다른 직장보다는 비교적 수평적이고 합리적인 문화여서 크게 어렵진 않았다. 때마침 인사 시스템이 민주적으로 바뀐 것도 한몫했다. 승진보다는 건강하게 정년퇴직하는 걸 교직 목표로 삼아 열심히 달리다 보니 어느새 종착점이 가까워졌다.

그런데도 여고 친구들은 나를 대단하게 생각한다. 고향의 큰 학교 교장으로 온 것을 자신의 일인 양 기뻐하고 자랑스러워한다. 갈 데가 없고 힘이 없어서 작은 데로 못 가고 고향에 있는 큰 학교에 왔다고 설명해도 인정하지 않는다. 학교 다닐 때부터 공부 잘했다고 낯선 사람 앞에서 칭찬까지 한다. 그럴 때마다 나는 쥐구멍에라도 들어가고 싶어진다.

그리고 보면 저절로 되는 건 하나도 없다. 내가 잘해서 이 자리에 올랐다고 착각할 일도 아니다. 동창과 친구 그리고 선후배와 이웃의 보이지 않는 염원과 지지가 있었던 것이다.

때맞춰 피어나는 꽃과 나무가 고맙다. 새 생명의 탄생을 보는 듯 해가 갈수록 더 신비롭다. 건강하게 학교에 등교하는 학생, 묵묵히 아이를 가르치는 담임 선생님이 있기에 내 일터가 즐겁다. 그 많은 사람 중에 나와 한 울타리에서 근무하는 이 인연이 고맙다. 차선을 침범하지 않고 자신의 길로만 가는 도로에서 만나는 옆 차 운전자도 따지고 보면 고마운 존재다. 그 덕에 나는 오늘도 안전하게 이동할 수 있으니까.

나는 세상 모두에 빚을 지고 있다. (2024)

글쓰기는 어려워

　중학교 국어 선생님은 소설가 양귀자다. 2학년부터 3학년까지 1년 반을 가르쳤지만 안 좋은 기억이 많았는지 아쉽게도 그녀의 인터넷 프로필에서는 우리 학교에 근무한 흔적조차 찾을 수 없다. 이미 소설가로 등단하여 부임하였으나 나중에 그리 유명하게 될 줄은 몰랐다. 그녀의 책『모순』은 발간된 지 25년이 지났지만 역주행하여 여전한 인기몰이를 하고 있다. 소설로서는 드물게 100쇄 가까이 찍었으니, 명실상부 우리 시대 최고의 소설가로 자리매김한 셈이다.

　학급 운영 방식이 독특했다. 공책을 반으로 접어 한쪽에 자신의 이야기를 일기 식으로 쓰면, 나머지 반은 선생님이 채워 주셨다. 어려운 가정 형편이나 힘든 교우 관계 이야기가 담겼고, 어떤 아이는 선생님의 답을 받으려는 욕심에 그 칸을 메우기도 했다. 한자 초서 같기도 한 필체로 일일이 답을 해 주어서 아이들에게 인기가 많았다. 본인 멋 내는 데 외에는 관심이 없는 우리 반 담임 선생님과는 여러모로 비교되었다. 왜 나는 그 반이 되지 못했을까, 옆 반 아이들이 부럽기만 했다. 국어를 좋아했던 나는 선생님께 칭찬을 자주 들었다. "어이, 양 씨!"라며 같은 성씨라는 걸 강조하여 부르는 것도 특별한 아이라도 되는 양 듣기 좋았다. 국어 시간을 기다렸다.

자연스럽게 선생님이 맡은 문예부에 들어갔다. 그해, 지역에서 열리는 백일장에서 대상을 받았다. 이듬해에도 그 대회에 나갔다. 전년도에 큰 상을 받아서 선생님도 은근히 기대했다. 머리만 굴리다 허둥지둥 급하게 원고지를 억지로 채웠다. 장려상도 받지 못했다. 아무런 말도 하지 않았으나, 도둑이 제 발 저리듯 선생님 보기가 미안하고 부끄러웠다. 고등학교 문예부는 글감만 주고 무조건 쓰라고 했다. 쥐어 짜내야 하는, 고문의 시간으로 나는 그 시간을 기억한다.

교단에 서자, 이제는 계발 활동 부서를 맡아 가르쳐야 했다. 배운 게 도둑질이라고 처음에는 문예부를 맡았다. 글감을 정하고 개요를 짜서 순차적으로 글을 쓰는 훈련을 하고 싶었다. 무리하게 진행하면 역효과가 난다는 걸 경험으로 알았기에 아이들을 몰아칠 수도 없었다. 쓰고 싶어서 모인 아이는 몇 명 없고 별다른 특기가 없는 아이들 집합소일 때도 많았다.

교육 과정이 바뀌어 계발 활동도 없어졌다. 글쓰기는 국어 시간에 글의 종류와 형식을 배우면서 잠깐 익히면 그뿐이다. 학교별로 백일장에 아이들을 인솔하여 나가고, 상을 받으면 그걸 생활기록부에 적던 시절도 지났다. 학교마다 1년에 한두 번씩 열리던 백일장도 이제는 흔적조차 찾기 어렵다. 아이들은 에스엔에스(SNS)로 하루가 다르게 친구들과 소식을 주고받지만 글다운 글을 쓰는 아이는 드물다.

이모티콘이나 짧은 축약어, 국적 불명의 외래어를 소통의 도구로 쓰는 게 현실이다.

작년에는 동아리 활동에서 홍보부를 맡았다. 4, 5, 6학년 대상으로 하는 동아리 활동은 예전의 계발 활동과 여러모로 비슷하다. 각 학년에 한 반밖에 없는 우리 학교는 담임만 하면 부서가 셋밖에 되지 않는다. 조금 더 활성화하고자 작년에는 교장과 교감, 교과 전담, 영양 교사까지 한 부서씩 맡았다. 늘어난 부서만큼 활동도 풍성했다.

그러던 차에, 글쓰기를 같이 배우는 박 선생님, 최 선배님이 아이들을 지도하여 문집까지 냈다는 걸 알았다. 그 일을 학창 시절부터 해 보았기에 얼마나 어려웠을지 안다. 어떡하든 빠져나가려고 하는 아이를 독려하여 글을 모으고, 엮고, 퇴고하는 과정까지 보여서 더 대단하게 여겨졌다.

공모 교장 4년 차, 즉 이 학교 근무 마지막 해에는 뭔가 의미 있는 일을 하고 싶었다. 내가 알고 있는 걸 조금이라도 아이들에게 전해 주고 싶었다. 홍보부 대신 글쓰기 부를 신청했다. 학기 말에 반에서 글을 잘 쓰는 아이 명단을 담임에게 추천받았다. 교장실에 모여 취지를 설명하고 올해의 포부를 밝혔다. 최 수석님이 아이들과 만든 책도 보여 줬다. 내가 낸 수필집과 그림책도 소개하면서 전문가라는 걸 내세웠다. 솔깃해하는 아이도 있었지만 대부분은 별 관심이 없어 보였다. 마침 도 교육청의 올해의 핵심 사업 중 하나로 '독서 인문 교육 활성화'가 선정되어서 교육청 시책과도 잘 맞을 것 같았다.

에 인터넷 카페를 만들었다. 글을 써서 올리고, 수업이 다시 글을 고쳐서 올리는 형식으로 진행하고자 계획했다.

수석님이 근무하는 학교 학생과 연합하여 지도하면 서로 경쟁해서 더 잘할 수 있으리라는 생각이 들었다.

그런데 막상 아이들의 희망을 받아 동아리를 꾸리고 보니 글쓰기부는 달랑 세 명뿐이었다. 게다가 전년도 담임 교사의 추천을 받은 아이는 한 명이었다. 그 말을 전하는 담당 선생님만 죄지은 듯 쑥스러워했다. 왜 안 그러겠는가. 대부분의 수업이 체험 학습으로 꾸려진 진로부, 전문 사진작가를 초빙하여 사진 찍는 법을 배우고, 연말에 전시회까지 여는 사진부, 기후 위기와 탄소 중립을 공부하고 실천하는 탄소 중립부, 에이아이(AI)부 등 재미있는 활동 위주의 부서 사이에서 머리를 짜내야 하는 글쓰기 부는 경쟁력이 떨어졌다. 그러니 세 명이라도 고마워해야 할 판이었다.

결국 동아리 부서와는 별개로 글쓰기 부원을 5, 6학년 위주로 다시 꾸렸다. 글감을 주고 주말에 써 오라고 했다. 그런데 문제가 생겼다. 아이들이 쓴 글을 교재로 삼아 수업하고자 하나 모두가 모일 시간이 없었다. 수업이 끝나면 방과후학교, 그리고 나면 학교 버스를 타고 하교해야 했다.

믿었던 녀석에게 배신도 당했다. 첫날 글감에 맞게 글을 써 왔는데, 잘 지도하면 괜찮을 것 같았다. 그런데 어느 날 톡으로 글쓰기부에서 빠진다고 통보해 왔다. 아이를 구슬릴 요량으로 우선 열 편만 써 보자고 했다. 주말마다 글쓰기 때문에 신경 쓰는 것도 싫고,

중간 놀이나 점심시간에 놀지도 못하고 모이는 것도 재미없다며 이번에 꼭 빠지고 싶단다. 속으로는 괘씸했지만, 오래전 글 쓰는 시간이 고통이던 내 모습이 보여 마냥 미워할 수도 없었다. 결국 그러라고 허락하면서 쓴웃음이 나왔다.

갈 길이 멀다. 이 어려운 일을 두 선생님은 어떻게 했는지 존경스럽다. 다행히 한 학생이 눈에 띈다. 엄마도 없이 아버지하고만 사는 아이다. 구체적으로 써야 설득력이 있다는 말을 알아들었는지 과제를 성실하게 해와 나를 감동시켰다. 지금은 5월에 광양에서 열리는 '이균영 백일장'에 데리고 나가려고 원고지 쓰는 법을 익히고 있다. 이번 주말에는 '체험 학습' 글감으로 원고지에 글을 써 오는 과제를 내줬다. 어떤 글을 만나게 될지 기대된다. (2023)

정채봉과 이균영

백일장 총무를 맡아 달라는 전화가 지인에게서 온 게 4월 중순쯤이었다. 수년 전 문인협회 사무국장을 1년 반 맡아서 한 적이 있다. 매화 축제와 시민의 날을 기념하여 열리는 시화전, 봄과 가을에 작가를 초청하여 두 군데 학교에서 열리는 청소년 문예학교, 매년 12월에 회원의 작품을 모아 문예지를 발간하는 게 주된 일이었다. 물론 그 외에도 문학 기행과 총회 등 회원의 친목을 겸하여 치르는 소소한 일도 있다.

그 단체의 창립 회원으로 들어갔으니 거의 27년이 다 되어 간다. 그동안 신입 회원이 많이 들어왔지만 어쩌다 모임에 참석하는 불량 회원이라서 낯선 얼굴을 만날 때도 많았다. 취미가 같다는 이유로 모였지만 시간이 지나다 보니 그 안에서 갈등과 오해가 쌓여 이런저런 소리가 내 귀에까지 전해지기도 한다. 초창기의 열정과 분위기는 아니지만 첫 마음을 준 단체였기에 사는 지역이 달라져도 곁눈질하지 않고 지금껏 활동하고 있다. 그리 멀지도 가깝지도 않게 적당한 간격을 유지하면서 말이다.

나는 모교에서 4년간 근무했다. 그곳의 현관에는 학교를 빛낸 인물로 두 명의 문학인을 소개하고 있다. 바로 정채봉과 이균영이다. 생각하는 동화 시리즈를 낸 샘터사의 주간인 정채봉을 아는 사람은 많다. 그런데 그가 광양동교 출신이라는 것까지는 모른다. 그의 인터넷 프로필에도 초등학교 학적은 기록되지 않기 때문이다.

그는 행정구역상 순천왜성이 있는 순천시 해룡면에서 태어났다. 할머니를 따라 초등학교 4학년 때 광양읍으로 이사 와서 중학교, 고등학교를 그곳에서 다녔다. 지금도 광양읍 그가 세 들어 살던 집 주변에는 그를 기억하고 기리는 사람들이 모여 '정채봉 동화마을'을 만드는 사업을 이어가고 있다.

무엇보다 그는 다른 지역과 확연히 구별되는 투박한 광양 사투리를 썼다. 경상도 말도, 전라도 사투리도 아닌 독특한 말은, 섬진강을 끼고 있는 광양에서만 들을 수 있다. 그의 글에는 읍내 풍경이나 그곳에 사는 사람 이야기가 심심찮게 나온다. 종종 내려와서 함께 술잔을 기울였던 학창 시절 친구들이 지금도 그를 이야기한다.

광양에서는 뒤늦게 그가 세 들어 살던 읍내 거리를 '정채봉 문학 거리'로 조성하고 도시 재생 사업을 진행하고 있지만 뒷북치기다. 문학관이 그가 태어난 순천시에 만들어졌고, 해마다 그를 기리는 문학 사업이 수년째 이어지고 있기 때문이다.

그의 초등학교와 중학교 후배인 이균영은 광양중학교에 입학하자, 광양농업고등학교에 다니던 정채봉을 만나 문예부에 들어가면서 월간 '학원'지의 기자로 활동한다. 당시 광양에는 강호무, 김승옥,

주동후 등 문학에 관심이 있는 대학생 모임이 있었는데 이들과 어울리며 문학의 꿈을 키웠다. 한양대 1학년인 1977년에 동아일보 신춘문예에 소설 「바람과 도시」가 당선되었으며, 1984년에는 「어두운 기억의 저편」으로 이상 문학상을 받았다. 1986년 동덕여대 사학과 교수가 되면서부터는 한국의 독립운동을 연구하였다. 특히 신간회 연구에 힘을 쏟아 그해 가장 뛰어난 역사학자에게 주는 '단재 학술상'을 1994년에 수상했다. 아쉽게도 그는 1996년 새벽 45세의 젊은 나이에 교통사고로 타계했다. 그는 생전에 단편 28편, 중편 다섯 편, 장편 네 편, 동화 열 편을 남겼다.

올해는 그가 사망한 지 27년이 되는 해이다. 작년에 그를 아끼던 기업인과 광양 시청이 힘을 합해 생가 뒤편 공원에 문학비를 세웠다. 그는 돋보기를 놓고 봐도 잘 보이지 않게 깨알같이 글씨를 쓰는 것으로 유명하다. 유작인 『나뭇잎들은 그리운 불빛을 만든다』는 그가 에이포(A4)용지 열여섯 장에 쓴 원고였는데 이는 200자 원고지 천2백 매 분량이다. 용지 한 장에 원고지 75매를 쓴 셈이니 얼마나 작게 글씨를 썼는지 짐작할 수 있다. 글씨를 확대하여 옮겨 적는 일을 하며 그를 돕던 지인이 문학비 개막식에서 추모시를 낭송했다. 그 시에 감동받은 기업인이, 늦었지만 그의 이름을 알릴 방법을 궁리해 보라고 했다. 참석한 회원 중 한 명이 백일장을 제안했고, 흔쾌히 수락한 그가 시상금 2천만 원을 내놓으면서 '제1회 이균영 백일장'이 열리게 되었다.

그리고는 그런 과징은 하나도 모르는 내게 중책을 맡아 달라는 제안이 온 것이다. 물론 거절할 수는 있었다. 그런데 아무리 묘수를 짜 봐도 마땅한 사람이 떠오르지 않았다. 초중고 학생을 모집하는 일이다 보니 교육지원청에 협조를 구해야 할 판인데 교단에서 퇴직한 회원은 여럿이나 퇴직한 지 한참 지난 분이 태반이었다. 울며 겨자 먹기로 승낙할 수밖에 없었다. 개인적으로 이균영은 초등학교 대선배이기도 하다. 백일장이 열리는 날까지는 한 달도 채 남지 않아서 '그때까지만 고생하면 되겠지' 하는 안이한 생각도 있었다.

그런데 막상 일을 추진하고 보니 신경 써야 할 게 한두 가지가 아니었다. '도전을 글감으로 초등학교 6학년 여자아이가 쓴 수준으로 글을 써 줘.' 명령하면 5분 안에 그럴듯한 답을 내놓는 챗지피티(챗GPT) 시대에 우리는 산다. 표절을 어떻게 가려내느냐가 문제였다. 추진 위원 일곱 명이 여러 번 만나서 머리를 굴린 끝에 공간을 제한하기로 정했다. 처음에는 날씨에도 구애받지 않고, 표절을 가려내기도 쉬우며, 학생들 통솔하기 편하게 체육관에서 했으면 했다. 그런데 이 역시 이균영 문학비가 있는 곳에서 해야 의미가 있는 것 아니냐며 독지가가 반대했다.

5월 11일에 광양읍 우산공원 이균영 문학동산에서 백일장이 열렸다. 왜 5월을 계절의 여왕이라고 했는지가 실감이 나는 날이었다. 잘 가꿔진 공원에 살랑거리는 바람이 글쓰기에는 더없이 좋았다. 나무 그늘 아래 앉아서 글을 쓸 수 있게 책상과 의자를 넉넉하게 준비했다. 초등학생과 중학생은 인근에서 온 학생이 대부분이었으나 고등학생은 달랐다. 사전 인터넷 접수로는 몇 명밖에 되지 않아 걱정했는데 뜻밖에 수원, 안양, 동탄, 당진, 창원 등에서도 학생이 왔다. 학교를 다니지는 않으나 그 나이 또래인 학교 밖 청소년도 보였다. 경기도 모 예술고에서는 문예창작과 학생 열두 명이 학교 버스를 타고 왔다. 오는 데만도 다섯 시간이 걸렸다고 했다. 인솔한 학부모나 교사는 선 밖으로 내보냈다. 휴대폰이 보이면 실격이라는 현수막을 곳곳에 붙였다. 회원 여럿이 손을 보탰다. 2백 명이 넘는 학생이 참석하여 백일장은 성공적으로 끝났다.

지명도 있는 작가 셋이 본심에 올라온 작품을 심사했다. 주최는 내가 속한 단체에서 했지만 주관은 광양시청이었다. 교육지원청에 보고서를 만들어 상장을 의뢰하고, 시상식 시나리오를 시청과 공유했다. 당일 참석 인원을 확인하고, 입상 학생에게 통장 사본이나 동의서를 받았다. 학생 개인의 통장이 없으면 보호자의 신분증과 통장 사본, 학생과의 관계를 증명할 가족관계증명서도 필요했다. 일일이 연락하다 보니 시간이 많이 걸렸다.

시상식은 광양시청 회의실에서 열렸다. 널찍한 공간에 에어컨이 틀어져 있었다. 시장과 시의회 의장, 학교지원센터장의 얼굴이 보였다. 멀리서 학생을 인솔하여 온 학부모도 많았다. 입상한 학생과 가족, 시상자가 개별로, 또 단체로 모여서 사진을 찍느라 한 시간이 넘게 걸렸다. 초등학교 2학년 학생의 키 높이에 맞추어 무릎을 굽히는 시 의장의 모습이 인상적이었다. 사회 보는 거야 그동안 들인 수고에 비하면 식은 죽 먹기였다.

자신의 생각을 글로 표현하는 일의 중요성은 날로 커지는데 학교 현장에서는 글쓰기를 거의 지도하지 않는다. 일기문, 소개하는 글, 생활문, 기행문, 논설문 등의 특성을 가르치고 그 형식에 맞게 글을 쓰는 시간은 있지만, 국어 시간에 반짝 일회성으로 끝날 때가 많다. 예전처럼 백일장도 거의 열리지 않는다. 인터넷 공모전은 있지만 입상 작품이 진짜로 학생이 쓴 것인지 확인할 길이 없다.

한 달이면 끝나리라 여겼는데 시상식까지 두 달이 꼬박 걸렸다. 일하는 동안에는 몇 번이나 '올해만 하고 그만하리라.' 생각했다. 그런데 사람 마음이 참 간사하다. 힘들어서, 시간을 많이 빼앗겨서 다시는 하고 싶지 않았던 그 일이 막상 끝나니 변명할 거리가 생긴다. 처음이라서, 모든 서류를 새로 만들어야 해서 벅찼던 거야. 내년에는 조금 더 쉬울 거야. 가치 있는 일이잖아.

빚 하나는 덜었다. 얼굴 한 번 뵌 적 없지만 다음 세상에서 그분을 만난다면 부끄럽지 않게 인사할 수 있으리라. (2023)

심 봉사 눈 뜨는 날

광양 오일장에 다녀왔다. 서울 사는 미아는 지금이 제철인 취나물과 두릅, 광주 미영이는 서대와 취나물, 순천 나영이는 깐 마늘과 바지락을 샀다. 나도 제사에 쓸 생선과 얇게 포를 뜬 명태 전감, 그리고 나물을 바구니에 담았다. 당초 여행 계획에는 시장 구경이 없었다. 그런데 내가 쓴 〈와글와글 광양 오일장〉 그림책을 읽고는 단짝 친구들이 만장일치로 장소를 바꿨다.

작년에 그림책 작가가 되었다. 몇 년 전부터 시에서는 지역의 인물이나 특산물, 자연환경, 지역의 지명에 얽힌 이야기를 책으로 만들었다. 지금껏 열 권쯤 나왔는데 내가 활동하는 단체의 회원이 주로 작업에 참여했다. 그러다가 작년에 내게도 차례가 왔다. 그림책을 읽거나 읽어 주는 일은 자주 했으나 작가는 처음이라 어려웠다. 함께 작업하는 동료 세 명 그리고 이 사업을 추진하는 문화도시사업단 관계자와 여러 차례 만나서 의견을 나눴다.

글감 고르는 일부터 시작했다. 서너 개의 글감 중 '시장'을 골랐다. 이려시부터 시장 가까이에서 살았다. 광양읍 오일장은 백운산과 섬진강, 그리고 남해를 끼고 있어서 산과 강, 바다에서 나는 산물이 풍부하다. 최근에는 비가 와도 거뜬히 장을 볼 수 있게 지붕을 씌우고 주차장을 넓혀서 더 편리하다. 전과 국수, 팥죽, 족발 등을 먹을 수 있는 먹거리 시장도 잘 형성되어 있다. 다른 곳이 도시의 쇠락으로 그 규모가 줄어든 데 반해 광양은 여전히 손님과 상인으로 붐빈다. 나는 그곳을 터전으로 살아가는 사람들 이야기를 하고 싶었다.

어느 토요일, 취재에 나섰다. 아는 사람을 먼저 공략했다. 친정 동네서 생선 가게를 오래 했던 분을 찾았다. 단골인 데다 돌아가신 엄마와도 잘 알기에 금방 마음을 열었다. 선애 엄마가 주인이라서 가게 이름도 '선애 수산'이다. 스물세 살 때부터 생선 장수였던 친정 엄마를 따라 일하기 시작한 게 벌써 40년이 되었다. 지금은 아들과 며느리까지 함께 가게를 꾸린다. 아들은 멀리 통영이나 부산까지 가서 싱싱한 생선을 받아 온다. 서대, 양태, 병어, 민어, 조기 등의 말린 생선을 주로 판다.

그분의 소개로 '장터 국수' 주인과도 수월하게 연결되었다. 스물여덟 살 때부터 친정 엄마를 도와 시장에 나오기 시작했단다. 새벽 세시 50분에 집에서 나와 육수를 끓이고, 팥죽 재료를 손질하여 여섯 시부터 장사를 시작한다. 불 옆에서 하루 종일 일하기에 여름에는 땀이 비 오듯 한다. 또 죽이 쉬어 버려 속상할 때도 있다고 했다.

두 사람을 인터뷰하고 나니 조금 자신이 생겼다. 동의를 구하고 녹음하는 것도 잊지 않았다. 세 번째 들른 곳은 뻥튀기 가게였다. 동창의 오빠가 가게 주인이라 쉽게 마음을 열었다. 그는 텔레비전에도 여러 번 소개되어선지 대답도 막힘이 없었다. 열두 살 때부터 아버지한테 기술을 배워 무려 47년이나 일했단다. 떡국, 옥수수, 결명자, 율무, 돼지감자, 작두콩 등 우리가 흔히 아는 식품 외에 머윗대 뿌리, 도꼬마리, 토복령, 겨우살이 등의 약초도 가능하단다. "사람만 안 되고 다 튀깁니다."라는 말을 웃지도 않고 했다. 그 절묘한 표현에 나만 박장대소했다.

'일성 방앗간'에 갔다. 그곳은 여고 선배이자, 오래전 옆 반 학부모가 주인이라서 목적 달성이 쉬우리라 생각했다. 그런데 하필 가는 날이 장날이라고 몸이 안 좋아 두 달간 타 지역으로 요양을 갔단다. 사정을 설명하고, 선배의 친정엄마에게서 가게에 얽힌 이야기를 들을 수 있었다. 오일장 방앗간 중 가장 오래된 곳으로, 48년 전에 지금의 자리 가게를 열었단다. 잠시 다른 사람에게 세를 내준 적도 있었으나 지금은 3대가 함께 일하고 있다고 했다.

번듯한 가게가 아니라 장날에만 오는 뜨내기 노점상 이야기도 듣고 싶었다. 싸전을 따라 가면 집에서 키우거나, 산에서 캔 채소를 파는 상인들이 줄줄이 앉아 있다. 대부분 나이가 많은 할머니들이다. 취나물, 두릅, 죽순, 쑥, 고사리 등의 푸성귀를 조금씩 내놓은 곳이 많았다.

눈곱만큼의 인연이라도 있으면 말 붙이기가 쉬울 텐데, 아쉽게도 아는 얼굴이 없었다. 인상이 가장 좋은 사람을 찾았다. 손님인 줄 알고 반색하는 할머니의 기대를 배반할 수 없어서 취나물 한 소쿠리를 먼저 사고 말을 붙였다. 오진에는 교회 갔다 오느라고 이제야 나왔다는 할머니는 여든여덟이라고 했다. 연세는 많았지만 또랑또랑하게 대답했다. 쉰네 살에 남편이 돌아가시자, 그때부터 시장에 나와 장사했단다. 혼자서 5녀 1남을 훌륭하게 키워 '장한 어머니 상'도 여러 번 받았으며, 자녀 중에 목사님이 두 명이나 된다고 자랑했다.

책이 나오자, 초등학교 2학년 딸이 있는 교무부장에게 한 권 주었다. 후기가 궁금했다. 읽어 줬더니 딸아이가 오일장에 직접 가보고 싶다고 했단다. 장날이 든 휴일에 온 가족이 갔는데, 지나면서 볼 때와는 다르게 시장 규모가 커서 놀랐다는 말도 덧붙였다. 책을 쓴 의도와 맞아떨어져서 기뻤다. 그런데 오늘 친구들도 똑같은 반응을 보인 것이다.

그림책은 관내 초등학교에 배부되어 수업 보조 자료로 활용된다. 오래전부터 글 쓰는 선배 몇이 학생을 대상으로 하는 그림책이나 동화책을 써 보라고 권했다. 그런데도 선뜻 시작할 용기가 없었다. 작년에 우연히 그 첫발을 뗐다. 올해는 그 여세를 몰아 동화 쓰는 법을 1주일에 두 시간씩 줌으로 배우고 있다. 수필과 또 다른 영역이라 아직은 고전 중이지만 첫술에 배부르랴. 여러 학기 이어지면 심봉사 눈 뜨는 날이 오리라.

그때의 나를 미리 응원한다. (2023)

집 나간 정신

개인 정보 인증서를 갱신하라는 메일이 왔다. 인터넷으로도 충분한 일이라서 은행 누리집에 접속했다. 그런데 오티피(OTP, 1회용 비밀번호) 카드가 말썽이다. 여러 번 시도했으나, 틀렸다고 나온다. 그게 한 달 전이다. 목요일과 금요일은 출장이고, 주말을 지나고 오면 갱신 기한까지 겨우 3일이 남는다. 혹여 잊어버리기라도 하는 날엔 낭패다. 더 미루다가는 이도 저도 안 될 것 같아 지난 수요일 오후에 부랴부랴 은행에 들렀다.

직원은 발급 날짜를 확인하더니 바꿀 때가 지났다며 두 가지 중에서 고르란다. 하나는 기존 직육면체 모양의 입체형이고, 다른 하나는 얇아서 지갑에 꽂고 다닐 수 있는 신용카드 모양이다. 금액도 5,000원과 10,000원으로 신용카드형이 배나 비싸다. 별 고민 없이 후자를 골랐다. 그동안 입체형을 썼는데 들고 다니기 귀찮아서 학교 서랍에 두고 쓴 탓에 집에서는 일을 볼 수 없었다. 카드면 그런 걱정은 안 해도 되겠다 싶었다.

사무실로 돌아와서 카드를 자세히 살펴보니 파란색 바탕화면에 오른쪽 위에는 회색의 사각형 틀이 있었다. 이 틀은 왜 있는 거지? 이름을 적는 곳인가? 아니, 개인 보안을 강화하려고 만든 카드에 이름을 쓰면 안 되지 않나? 고민은 짧았다. 평소에 쓰던 이름의 영어 약자 'Y·S·R'을 써서 넣으려는데 불현듯 이훈 교수님 말씀이 떠올랐다. 맞아. 글을 쓰는 사람은 말과 연애하는 사람이야. 이왕이면 우리글로 써야지. 한글 약자 'ㅇ·ㅅ·ㄹ'를 쓰려고 했다. 그런데 생각과 달리 손은 'ㅇ·S·ㄹ'를 쓰고 말았다. 오래 이어온 습관이란 게 무섭다. 나만 이해할 수 있는, 남은 절대로 알아볼 수 없는 이런 암호가 더 좋겠지. 금방 합리화가 된다.

카드도 새로 발급받았으니 이제 인증서 갱신하러 가야지. 누리집으로 들어갔다. 아이디와 비밀번호를 넣었더니 아니나 다를까 오티피 카드 번호를 입력하란다. 잠깐, 어떻게 한다고 했더라. 분명 은행에서 친절한 직원이 시범을 보여 줬었는데. 카드를 이러저리 살폈다. 오른쪽 아래쪽에 '온(ON)' 모양의 버튼이 있어서 눌렀다.

아뿔싸! 조금 전에 이름 적은 데 숫자가 떴다. 물티슈로 박박 문질렀으나 네임펜의 위력은 대단했다. 카드를 이리저리 움직여 곁눈질로 겨우겨우 화면에 나오는 번호를 읽었다. 그랬다. 이름 쓰는 데라고 착각했던 거기가 바로 1회용 비밀번호가 뜨는 화면이었다. 한심해서 웃음이 나왔다.

그런데 이걸 어떻게 지우지? 과학실에 가면 아세톤은 많이 있을 테지만 움직이기가 싫었다. 책상 서랍을 여니 짜서 쓰는 휴대용 손 소독제가 보였다. 새것이라 입구가 작은 은박지로 막혀 있었다. 떼어 내고 누르니 컴퓨터 화면 전체를 닦고도 남을 만큼 많은 양이 쏟아졌다. 게다가 하필 사타구니 안쪽 바지에 묻었다. 열심히 닦고 있는데 실장이 들어왔다. 코 파다가 들킨 사람처럼 민망했다. 묻지도 않았건만 조금 전 있었던 일을 주절주절 이야기했다. 그랬더니 이 여자, 박장대소다. 한술 더 떠서 '지금은 라디오 시대, 웃음이 묻어나는 편지'에 사연을 적어 보내란다. 아니 이게 그렇게 웃기는 이야기인가. 요새 출판 기념회 준비하랴, 말썽난 이 치료하랴, 출장 다니랴, 한 주일이 바쁜 탓에 잠시 정신이 이사 간 모양이다.

가을이 깊어 간다. 봄날처럼 포근하던 지난 며칠이 무색하게 저녁에는 공기부터 다르다. 사가망처(徙家忘妻, 이사 갈 때 아내를 두고 잊고 간다는 뜻)라더니 내가 그 짝이다. 이제 출판 기념회도 끝났고, 내일이면 이 치료도 마무리되니 집 나간 정신이 돌아오지 않을까?

바쁠수록 돌아가라는 말을 다시 새기는 밤이다. (2022)

소촌댁이 부러워

 주말 주택 가는 길에 보성 강골 마을 회관에서 내렸다. 선배 둘과 동기 한 명이 미리 와서 기다리고 있었다. 한참을 기다려 인순 선배 부부가 합류하자, 교수님 댁으로 향했다. 인순 선배는 거의 40년 만에 보았지만 반갑기만 했다. 강골 마을은 광주 이씨 집성촌이다. 마을에서 눈을 들면 멀리 오봉산 칼바위가 눈에 들어온다. 이용훈 전 대법원장이 이 마을 출신이다. 이금재, 이용욱, 이식래 고택, 열화정 등 세 채의 집과 한 개의 정자는 1984년에 중요 민속자료(현, 국가 민속 문화유산)로 지정되었다.

 고즈넉한 골목길, 자연과 잘 어우러진 풍광에 반한 내 친구는 보성 최고의 관광지로 꼽는다. 마을 한가운데 있는 이용욱 가옥의 주인장과 만나 집에 얽힌 이야기를 들은 적도 있어 내게는 꽤 익숙한 곳이었다. 그런데도 몰랐다. 이 마을의 소촌 가옥이 김 교수님 처가라는 것을.

 김 교수님은 대학 시절 신문사 주간이었다. 춥고, 배고프고 외로웠던 대학 생활에서 신문사는 유일하게 비빌 언덕이었다. 그곳을 빼

놓고는 내 대학 생활을 이야기할 수 없다. 늘 따스한 눈빛으로 지켜보며 격려하던 스승과, 언제 가도 반갑게 맞아 주는 선배가 있었다. 꼭 기자가 되고 싶은 건 아니었다. 어렵게 대학에 왔으나 두 달이 지나자, 괜히 왔다는 회의감이 들었다. 여기저기 기웃거렸으나 빈 호주머니로는 낄 데가 없었다. 졸업까지 남은 시간이 까마득했다. 고등학교를 다시 다니는 듯 수업도 별 재미가 없었다. 가족, 친구도 없는 낯선 곳에 혼자 떨어진 듯 외로웠다. 뭔가 의지할 데가 필요했다. 학기마다 나온다는 '기자 장학금'도 욕심이 났다.

5월에 신문사 수습기자가 되었다. 한 학년에 다섯이나 여섯뿐이었다. 과는 달랐지만 소수라서 관계는 꽤 끈끈했다. 나는 그곳에서 평생의 친구를 만났다. 위태로운 고비를 넘기고 대학에 뿌리내릴 수 있었다. 군부독재의 냉혹한 시절이라 '불온서적 소지죄'로 친구 둘이 정학 1개월을 당해 신문사를 떠났다. 신문사 주간 교수도 바뀌었다. 그때부터 나는 겉돌았다. 새로 주간을 맡은 교수님도 좋은 사람인 건 분명했으나, 정이 가지 않았다. 아니 이미 김 교수님 스타일에 익숙해졌다는 게 더 적절하다. 그분과 잘 지내는 건 우리 때문에 불이익을 당한 김 교수님을 배신하는 것처럼 여겨졌다.

김 교수님은 결혼식 주례를 부탁하는 내 청을 흔쾌히 들어 주셨다. 그러나 오래도록 찾아뵙지 못했다. 겨우 그분의 퇴임식 기념으로 마련한 '역대 기자회'에서 잠시 얼굴만 뵈었을 뿐이었다. 그리곤 20년이 또 훌쩍 지났다.

진디가 넓게 깔린 소촌 고택에 들어섰다. 세 채의 가옥과는 달리,

이 집은 당시 채 100년이 되지 않아서 국가 유산에 등록되지 못했다. 사모님이 집 안 구석구석을 설명해 주셨다. 사모님은 8남매 중 셋째딸이다. 이 집을 지은 아버지가 말년에 이미 자리 잡은 큰딸이 있는 미국으로 이민 가는 바람에 가장 가까이 사는 자신이 물려받았다. 타지에 사는 형제나 조카들이 모이는 곳이라서 관리가 힘들지만 팔 생각은 한 번도 해 본 적이 없단다. 몇 년 전에 입식 부엌과 화장실을 넣어 개조하였으나 자신들은 광주에 머물며 빈집으로 두었다. 그런데 최근에 고택 체험 숙박 프로그램이 생기면서 마을 청년들이 관리해 준단다.

소촌 고택은 삼남 지방의 전형적인 양반 집 형태로 방이 세 개이고, 가운데 대청이 있다. 서까래에는 사모님의 아버지가 직접 썼다는 상량문이 바로 며칠 전에 쓴 듯 선명하게 보였다. 대청에는 50년도 더 되었다는 대나무로 만든 횃대 위에 석작 여러 개가 올려져 있었다. 방마다 자개농과 문갑, 책장 등 주인의 손때 묻은 고가구가 잘 정돈되어 있었다. 몇 년 전에 신계숙의 〈맛터사이클 다이어리〉 팀도 들렀으며, 〈길길이 다시 산다〉의 김한길과 최명길도 하룻밤 묵어갔단다.

미닫이 창호 문을 열면 뜰이 한눈에 들어왔다. 이름처럼 하얀, 백도 꽃은 처음 보았다. 이제 막 벙글어지는 자목련, 그리고 붉은 동백이 눈길을 사로잡았다. 한나절 마루 끝에 앉아 그 풍경만 바라봐도 행복해질 것 같았다. 참 아름다운 정원이었다.

교수님은 집 바깥을 설명해 주셨다. 물려받은 땅이 무려 6천 평이다. 예전에는 일부를 임대하기도 했으나, 이제는 하고자 하는 이가 없어서 묵정밭으로 남았다. 집 가까이까지 밀고 들어오는 대나무를 베어내느라고 요 며칠 힘들다는 말씀도 덧붙였다. 그래도 그 연세에 손수 정원을 가꾸는 교수님을 뵐 수 있어서 고마웠다. 엄나무와 가시오가피 순을 따면서 설명을 들었다. 머위와 쑥, 그리고 이제는 보기 어려워진 쑥부쟁이 나물도 지천이었다. 빈 밭에는 작약이 심겨져 있었다. 그 꽃 필 때 다시 찾고 싶었다.

교수님 댁에서 몇 걸음 내려오면 이식래 고택이 나온다. 1891년에 지어진 이 집은 바깥주인의 생활 공간인 사랑채와 안주인이 머무르는 안채는 초가집이다. 그런데 농기구와 곡식을 보관하는 곳간채는 특이하게도 기와집이다. 장독대는 한술 더 뜬다. 별도의 담장이 사방을 둘렀으며, 들어가는 문은 이 집 건물 중 가장 화려하게 기와로 장식되었다. 농경 사회에서 먹을 것을 귀하게 여긴 집주인의 마음이 녹아 있단다.

좁고 구불거리는 골목길을 따라 보성열화정(寶城悅話亭)에 닿았다. 앞면 4칸, 옆면 2칸으로 된 'ㄱ'자 형의 누마루 집으로 앞에는 아담한 문과 연못이, 정원에는 나무가 주변 숲과 잘 어우러져 있다. 전통적인 우리나라 조경 수법을 살린 정자라고 소문이 나서 각종 영화나 드라마의 단골 촬영지로 유명하다. 지난번엔 그 연못에 물이 그득했는데 이번에는 완전히 말라서 봄 가뭄이 실감 났다.

마을을 한 바퀴 돌고 오니 잔디가 깔린 마당에 식탁이 차려져 있었다. 사모님이 준비한 수육과 홍어 그리고 우리가 정원에서 딴 가시오가피 순을 데쳐 맛난 점심을 먹었다. 막걸리도 달았다. 조금 있으니 해설사와 함께 한 무리 관광객이 들어왔다. 연초록 잔디 위에서 만찬을 즐기는 우리를, 저 사람들은 얼마나 부러워할까. 우리 집도 아니면서 괜히 어깨가 으쓱해졌다. 부잣집 아씨로 신분 상승한 듯 뿌듯했다.

"교수님, 장가를 참 잘 드셨습니다." 누군가 한마디 했다. "이 집이 있어서 그런 생각을 하는 건 아닌데, 내가 지금껏 가장 잘한 일이 이 사람과 결혼한 거라고 생각해." 별말 없이 식사에만 집중하던 교수님이 말했다. 여든다섯 사랑꾼 교수님과 사모님의 첫 만남 이야기로, 그 후로도 우린 오래도록 일어설 줄 몰랐다.

아, 소촌댁이 부럽다. (2025)

2부

잔치

지난주에 아들 혼사가 있었다. 스물아홉인 아들이 무려 7년이나 사귄 여자친구와 결혼했다. 며느리를 처음 본 것은 논산 훈련소에서였다. 그러다 말겠지 했는데 아들이 제대하고 복학하여 졸업할 때도 곁에 있었다. 아들이 취업하자마자 남편은 정식으로 인사를 오라고 청했다.

기다렸다는 듯 2주가 지나자 예비 며느리가 왔다. 남편은 이왕 하는 결혼이면 하루라도 빨리, 해가 바뀌기 전에 날을 잡으라고 했다. 그런데 예식장을 둘러보고 온 아들이 무려 8개월 뒤로 날을 받아 왔다. 예식장은 많으나 맘에 드는 곳은 그곳뿐이란다. 우리 학교 체육관이라도 빌려줄 테니 얼른 하면 안 되겠느냐는 말도 통하지 않았다. 그 사이 상견례도 있었다. 오래 사귀어 서로의 존재를 잘 알고 있었던지라 훈훈한 분위기였다.

학교는 3월이 바쁘다. 새 학기의 시작이라 1년 계획도 짜야 하고, 새로 맞이한 학생과 교사가 호흡을 맞추는 달이기에 긴장과 설렘이 공존한다. 이번에는 몸보다 마음이 더 바빴다. 결혼식이 다가올수록 별다른 준비도 없이 이대로 있어도 되나 싶었다. 집 구하랴, 예단, 가전제품, 가구, 예물 준비하랴 정신없으리라 예상했는데 아니었다. 아들과 며느리의 직장이 제주도다 보니 우리가 준비해 줄 수도 없을뿐더러, 예단은 생략하고 가전과 가구 등의 살림살이는 자취방 살림으로도 충분하단다. 한 푼이라도 아껴 집 살 때 보태는 게 현명하리라 생각하면서도 인륜지대사를 이렇게 간단히 해치워도 되나 싶었다.

드디어 그날이 왔다. 며칠 전의 꽃샘추위가 사라지고 봄이 성큼 다가온 날이었다. 안경 대신 미리 준비한 렌즈를 끼고 미용실에 갔다. 신랑, 신부도 아닌데 결혼식 네 시간 전부터 간다는 게 이해가 되지 않았다. 안경을 끼던 사람은 끼지 않은 모습이 어색하다. 화장하는 분에게 사정을 설명했더니 눈화장에 공을 많이 들인다. 속눈썹을 붙이고, 라인을 그리고, 색조 화장을 한다. 위아래를 봐라, 눈을 감아라, 떠라 등 주문도 많다. 한 시간이 후딱 지났다. 거울을 보니 눈이 크고, 눈매가 또렷한 낯선 여자가 앉아 있다. 주황색 립스틱을 바르는 것으로 화장이 끝났다.

자리를 옮겼다. 열을 가한 기구에 머리카락을 돌돌 말아 풀었더니 물결 모양으로 곱슬거린다. 그중 몇 가닥을 잡고, 간격이 촘촘한 빗으로 위아래로 흔들어서 머리카락에 공기를 넣었다. 그 사이사이 스프레이를 많이 뿌려 고정하니, 한 올 한 올이 마치 철사줄처럼 뻣뻣해졌다. 한복으로 갈아입으니 비로소 혼주 느낌이 물씬 난다.

결혼식을 한 시간 남겨 두고 결혼식장 입구에 섰다. 왜 여기가 인기가 있는지 알겠다. 한 시간에 한 팀밖에 없다. 즉 예식홀이 하나다. 그러다 보니 차분하게 손님을 맞이할 수 있다. 다른 팀과 섞이지 않고 뷔페식당을 이용할 수 있다. 날씨가 좋아선지 생각보다 손님이 많았다.

미운 오리와 대학 친구들은 부부 동반으로 와서 더 반가웠다. 미운 오리 팀원은 일곱 명이나 되지만 이전 세 번의 혼사는 코로나 시국인 데다 결혼식장이 타 지역이라 모이기가 힘들었다. 처음으로 여섯 부부가 다 모여 보기 좋았다. 시댁과 친정 식구도 대가족인데 가정을 이룬 조카들까지 모이니 우리 식구만 해도 많았다. 게다가 비교적 이른 결혼이다 보니 아들과 며느리의 친구도 엄청났다.

온통 꽃으로 장식된 결혼식장은 자연 채광까지 더해져 밝았다. 신랑, 신부처럼 양가 부모도 꽃길을 걸어 입장했다. 자녀를 공들여 키운 부모까지 대접해 주는 느낌이라 뿌듯했다. 어디에 서서 인사해라, 손을 흔들어라. 사전에 연습했기에 모든 게 순조로웠다. 신랑의 사진이 화면 가득 뜨더니, 반으로 갈라지면서 그 사이로 잘 차려입은 아들이 걸어 나왔다.

우리 부부가 자리를 잡자, 신부가 아버지 손을 잡고 들어섰다. 그런데 바깥사돈의 얼굴이 벌겋다. 딸아이가 고등학교 다닐 때 왕복 세 시간 거리를 매일 운전하여 통학시켰다더니 만감이 교차하는 모양이다. 아들 훈련소에 보내면서도 울지 않았는데 그 모습에 나도 울컥한다. 주례 대신 양가 아버지가 축사를 대신했다. 그런데 사돈이 또 울먹인다. 거우 축사를 마치고는 자리에 앉았다. 남편의 축사가 이어진다.

"오늘 이 자리는 제가 세상에서 가장 사랑하는 아들 현우와, 제 아들과 평생을 함께할 예쁜 며느리 동희 양이 부부의 연을 맺는 날입니다. 학창 시절에 만난 두 사람의 인연이 오늘까지 이어진 것이 놀랍고 또 신기합니다. 금사빠(금방 사랑에 빠진다)로 만나고, 또 금방 헤어지는 게 요즘 아이들의 사랑법이라는데 이 두 아이는 대학 동아리에서 만나 여기까지 왔습니다.

아시는 분은 아시겠으나, 두 누나를 제치고 추월해서 하는 결혼입니다. 셋째 아이부터는 의료보험도 적용되지 않던 시절에 아들을 낳았습니다. 주변의 축하를 많이 받았지만, 고모와 이모, 큰엄마의 손을 빌려 맞벌이하면서 힘들게 키웠습니다. 그런 아들이 어엿한 사회인으로 자라, 오늘 결혼한다니 감회가 새롭습니다."

'금사빠'와 '추월'을 읽을 때 하객들의 웃음이 터진다. 당부하는 말과 곱게 키운 딸을 며느리로 보내 주셔서 고맙다는 사돈에게 보내는 인사를 끝으로 축사가 끝났다. 아들의 축가 순서다. 이적의 '다행이다'를 감정을 살려 부른다. 우리 아들이 이렇게 노래를 잘했던가? 두 누나보다 앞선 결혼이지만 요즘처럼 혼인도 출산도 꺼리는 젊은이가 많은 시절에 누구라도 먼저 가면 어떠랴. 결혼한다고 마음을 내어 준 것만으로도 고맙다.

잔칫날처럼 즐거웠던 아들의 결혼식은 이렇게 끝났다. 마스크 시대가 끝나서 얼굴 드러내고 사진 찍을 수 있는 것도 얼마나 다행인가. 아들 덕분에 나도 연예인급의 화장을 해 봤다. 우리 식구만 살던 집에 며느리가 들어온다. 웃음 많고 소탈한 성품이라 금방 스며들 것이다.

작은딸을 따라서 큰딸에게 '언니'라고 부르고, 등에 인형을 업고는 보따리를 묶어 아기 띠를 만들어 달라고 조르던, 초등학교 앞에서 손가락이 떨어져라 오락기를 두드리던 아들은 이제 한 가정의 가장이 되었다. 이렇게 또 한 세대가 바뀌고 있구나. 부디 아들의 내일이 오늘처럼 화사하기를 빌어 본다.

그나저나 두 딸은 언제나 결혼하려나. 딸아, 엄마 연예인 놀이 또 해 보고 싶다. (2023)

귀한 손님

밭에서 풀을 매고 들어왔더니 그새 영상 두 개가 올라와 있다. 하나를 열었다. 퇴원을 앞두고 목욕하는 법을 조리원 도우미에게서 배우고 있는지 다른 때보다 꽤 길다.

옷을 벗기자마자 울기 시작한다. 머리를 감기고, 수건으로 닦으니 그 작은 입을 있는 대로 벌리고 울어 재낀다. 혀가 입천장에 닿을 듯 올라가 있다. 물에 들어가 있을 때는 그나마 좀 낫더니 눕혀 놓으니 또 자지러진다. 배꼽을 소독하고, 기저귀를 채우고, 보습크림을 바르는 동안에도 지치지도 않고 운다. 사람 마음 참 간사하지. 그 소리조차 어여쁘다. 건강하다는 신호처럼 여겨져 기특하다.

두 누나를 제치고 작년 3월에 결혼한 아들이, 손자를 낳았다. 아이가 좀 크다는 의사 소견에 따라 예정일보다 일찍 유도 분만을 시도했다. 유도제를 석 대나 맞고 양수도 터졌다는 소식을 듣고, 이제나저제나 기다렸지만, 낳았다는 이야기는 없었다.

입원한 지 하루가 넘어가니 일이 손에 잡히지 않고 휴대폰 문자에만 신경이 쓰인다. 서른 시간이 되니 슬슬 걱정이 된다. 아무리 첫

아이라고 하지만 너무 길다. 먹지도 못하고 산고에 시달릴 며느리를 생각하니 더 안타까웠다. 그런데 이게 웬일? 기다리는 소식 대신 제왕 절개하러 수술실에 들어갔다는 아들의 문자가 왔다. 자연 분만하겠다고 지금껏 진통을 견딘 며느리 마음이 오죽하랴. 그러나 가 볼 수는 없었다.

아들은 제주도에 신접살림을 차렸다. 수도권에 사는 사돈댁도 치매 걸린 어른이 계시는 터라 우리처럼 산모 곁을 지킬 수 없었다. 육지라면 아무리 멀어도 밤늦게라도 가 볼 텐데, 기다리는 동안 손이라도 잡아 줄 텐데, 안쓰러운 마음이 들었지만 어쩔 수가 없었다.

며느리는 그 흔한 입덧도 없고 뭐든지 잘 먹었다. 생일날 아침에도 전화하니, 돼지국밥을 먹는 중이라고 하여 놀랐다. 병원에서 임신 진단을 받기 전부터 입덧이 시작되어 열 달 내내 고통에 시달리는 나에 비해 얼마나 큰 축복인가(그런데도 셋이나 낳았으니 할 말이 없다). 통닭집 앞을 지날 때는 기름 냄새를 견딜 수 없어 숨을 참고 걸었다. 조금이라도 비린 것은 먹고 나서도 토하기 일쑤였다. 한 가지 다행이라면 먹는 것에 극도로 예민했지만, 낳을 때는 수월하다는 거다. 잘 먹고 낳을 때 고생하는 며느리가 나을까, 열 달 내내 힘들지만 쉽게 순산하는 내가 더 괜찮은 걸까?

하루에도 몇 번씩 손주 영상과 사진이 올라온다. 처음 몇 번은 톡으로 보냈으나, 파일이 커서 마음대로 되지 않자 별도의 요금을 주고 사돈과 우리가 볼 수 있는 '가족 앨범'을 만들었다. 휴대폰에 앱을 깔고 하루에도 몇 번씩 들락거렸다. 그길 보는 것으로 하루를 시작했다.

아이는 대부분 눈을 감고 있었다. 아기를 왜 천사에 비유하는지 이해가 갈 정도로 자는 모습도 이뻤다. 전체적으로 아들을 닮았다는 사람도 있고, 오뚝한 코와 큰 눈을 보고 며느리를 떠올리는 이도 있었다. 자식이 부모를 닮지 않으면 누구를 닮으랴? 그 당연한 이치를 알면서도 신기했다.

아이는 하루가 다르게 달라졌다. 열흘이 넘어가자 몸무게도 0.4kg 늘었다. 볼살이 올라 얼굴이 네모가 되었다. 눈도 어느 정도 맞추고, 고개에도 빳빳하게 힘이 들어갔다. 특히 떼쓰고 울 때 더 그랬다. 무엇보다 깨어있는 시간이 길어졌다.

지난 금요일 저녁부터는 아들도 조리원에 들어갔다. 그동안엔 단 10분간의 면회조차 유리문을 사이에 두고 이루어졌다. 손자를 바라보는 아들의 눈에서 꿀이 뚝뚝 떨어지는 게 영상으로도 보였다. 그러나 안아볼 수 없었다. 그런 아들이, 태어난 지 열흘 만에 손자를 품에 안았으니 얼마나 감개무량했을지 눈에 그려졌다.

"커서 공부 잘하게 생겼대요, 얼굴이 미남이래요." 세상에서 저 혼자만 자식을 낳은 듯 아들은 주변의 작은 칭찬도 우리에게 낱낱이 보고했다. 낮에 목욕시키는 동안 자지러지게 우는 아이를 달래면서 '폐활량이 좋은 아기'라고 했다는 도우미의 말까지도. 그래, 아들아! 너를 키울 때도 그랬단다. 특히 너는 딸 둘에 이어서 낳은 셋째라서 축하와 기쁨이 온 집안에 넘쳤단다.

흔히 자식을 손님에 비유한다. 손님이 오기 전에 집을 치우고, 맛있는 음식과 편안한 잠자리를 준비한다. 그 손님이 우리 집에 머무는 동안 불편하지 않도록 온 정성으로 대접한다. 그러나 손님은 언젠가는 떠난다. 자식도 그렇다. 부모는 자식 입에 들어가는 건 아까운 줄 모른다. 좋은 곳에 데려가고, 맛난 걸 골라 먹이며, 학업 뒷바라지하느라 허리가 휜다. 가족으로 묶여 함께하며 추억을 쌓는다. 자식도 영원히 끼고 살 수는 없다. 빠르고 늦고의 차이는 있지만 대학에 입학하거나, 군대에 다녀와서, 혹은 결혼하면서 부모 곁을 떠난다.

출산 휴가가 끝나면 며느리는 회사에 복귀하고, 아들이 육아휴직을 내고 손자를 돌볼 계획이다. 세상이 변했다는 게 실감이 난다. 내가 키워줄 것도 아니면서 배 놔라 감 놔라 할 생각은 털끝만큼도 없다. 둘의 선택을 존중한다. 아들은 막상 분만 예정일이 다가오니 자신이 잘 할 수 있을지를 수시로 전화하여 물었다. 가 보지 않은 길이라 낯설고 두려운 건 당연한 일이다. 하물며 한 생명을 기르는 숭고한 일인데, 왜 안 그렇겠는가? 오늘은 안는 것조차 어설프지만 곧 익숙해질 것이다.

'아들아! 자식은 부모의 소유물이 아니란다. 귀한 손님이라는 걸 명심하고, 네 곁에 있는 동안 최선을 다해서 보살피고 사랑하여 이 사회의 건강한 구성원이 되도록 도와야 한단다. 할머니로 만들어줘서 고맙다.' (2024)

어느새 1년

지난 주말에 손자의 돌잔치가 있었다. 1년이 되려면 20일쯤 남았지만 가족이 모이기 좋은 연휴로 당겨서 치렀다. 손자는 제주도에 살아서 자주 보기는 어렵다. 그러나 하루에도 수십 장씩, 어떤 날은 수백 장이 넘는 사진과 동영상이 올라와서 함께 키우는 듯 익숙하다. 몇 시간 간격으로 이유식을 먹는지, 새 이가 언제부터 올라왔는지, 언제 목욕하고 잠을 자는지 등 일거수일투족이 가족 앨범에 올라온다. 온몸에 모래를 묻히며 놀이터에서 기어 다니고, 민들레 홀씨와 장미 이파리를 뜯으며 신기해하는 장면이 고스란히 잡힌다.

손자가 요즘에 빠진 건 숨바꼭질이다. 소리도 내지 않고 커튼 뒤에 숨는다. "호수 어딨지?" 찾는 소리가 들리면 가만히 있다가 여기저기 찾는 아빠를 골려주려는 듯, 갑자기 커튼을 확 젖히며 환하게 웃는다. 윗니 네 개, 아랫니 세 개가 앙증맞다. 엉덩이를 흔들며 커튼 양쪽을 오간다. 머리는 안 보이지만 오동통한 종아리와 발가락은 커튼 아래에 그대로 드러나서 영상을 보는 우리를 미소 짓게 한다.

지난 4월부터 손자는 어린이집에 다닌다. 며느리 직장에서 운영하는 어린이집이라 시설이 좋고, 지원도 훌륭하다. 씨앗반 선생님 둘이 손자와 손자보다 두 달 빠른 아이를 보살핀다. 말하자면 1대 1 맞춤형 보육인 셈이다. 아직 걷지 못하는 손자는 선생님 두 손을 잡고 운동장을 산책하거나, 꽃을 따서 냄새를 맡고 그리고 넓은 실내에서 공놀이를 즐긴다. 원통형 놀이기구를 타고 내려와 활짝 웃는 장면이 이번에는 선생님의 휴대폰으로 전달된다. 이유식과 간식으로 뭘 먹었는지, 어떤 놀이를 했으며, 낮잠은 얼마만큼 잤는지, 심지어는 배변을 몇 번 했는지까지 선생님이 쓴 일지로 확인할 수 있다. 어찌나 자상하고 꼼꼼하게 기록하는지 읽을 때마다 손자가 노는 장면이 그려져서 웃음이 난다. 참 좋은 시절이다.

손자는 잘 웃는다. 웃음소리는 어쩌다 내지만 방긋 웃는 미소는 백만 불짜리다. 그런데도 어쩐지 나는 마음이 짠하다. 아들은 딸 둘에 이어 낳은 막내다. 주위의 축복과 관심을 온통 받고 태어났다. 그런데 정작 키워 줄 사람이 없어서 8개월 무렵부터 어린이집에 다녔다. 고모와 이모, 큰엄마의 도움도 있었지만 그때쯤엔 모두 자기 일을 시작해서 더 이상 돌봄이 불가능했다.

아들 또래거나 조금 더 위인 아이 여덟 명을 나이 지긋한 50대 원장이 혼자서 돌봤다. 돌 무렵인 고만고만한 아이들의 요구에 맞추어 눈 맞추며 놀아주는 일은 현실적으로 어렵다. 우유를 먹이거나, 대소변을 처리해 주는 것만으로도 힘에 부쳤을 것이다. 그래선지 아들의 얼굴은 긁히고 할퀸 상처가 가실 날이 없었다. 속상했지만 보육시설이 충분하지 않은 시절이라 뾰족한 방법이 없었다.

그에 비하면 손자는 얼마나 많은 혜택을 누리는가. 알면서도 어린이집에서 올라오는 사진이나 영상을 보면 마음이 애틋해진다. 그것이 아들과 손자의 차이여선지, 아니면 일하는 엄마를 둔 아이의 숙명을 이해해서인지는 모르겠다.

돌잔치는 결혼식 축소판처럼 준비할 게 많았다. 부모는 세 시간 전에 가서 메이크업을 받고, 손자도 한 시간 반 전부터 미리 준비한 한복을 입고 사진을 찍었다. 가족 모두가 모이는 시각은 다섯 시 반이었다. 양가가 한자리에서 잔치를 벌이는 이야기도 듣기는 했으나, 우린 그러지 못했다.

손자의 앨범에 누구보다 열심히 댓글을 달면서 이뻐하는 서울 조카도 남편과 아이 둘까지 데리고 내려왔다. 어릴 때 함께 부대끼며 자라서 유난히 사이가 좋은 셋째 시누이의 딸인 조카도 남편과 다섯 살, 22개월 된 아이 둘과 참석했다.

친정과 시댁 형제간이 다 모이자 따로 섭외한 사회자가 식을 진행했다. 미리 사진 찍느라 지친 데다, 사람들이 자신만 처다보니 손자는 울지는 않지만 평소처럼 밝은 얼굴은 아니었다. 소근육이 또래보다 발달하여 작은 머리카락까지도 잘 집어 올리던 오늘의 주인공은 돌잔치 하이라이트인 돌잡이에서는 어리둥절한 표정으로, 아무것두 잡지 않아서 애를 태웠다. 평소에 나무나 플라스틱으로 된 주걱을 들고 등원한 적이 많아서 비슷한 모양의 붓을 들지 않을까 내심 기대했으나 뒤늦게서야 실타래의 작은 가닥을 들어 올렸다. 그래, 실이면 어떠리. 명 길고 복 많은 사람으로 건강하게 자라거라.

돌잔치가 끝난 이튿날 저녁에 집 근처 호수공원에 갔다. 아들과 며느리, 작은딸이 번갈아서 손자를 안았지만 돌아올 무렵에는 팔이 아프다고 한마디씩 했다. 몸무게가 10kg이 넘은 터라 그럴 만도 했다. 처음에는 유아차와 카시트를 챙겨 비행기를 타던 아들은 요즘 엔 카시트만 가져온다. 그러다 보니 가까운 거리라도 움직이려면 제약이 많다.

그날 밤에 '당근' 앱을 열었다. 곧 걷게 되면 더 이상 필요하지 않을 거라고 아들이 만류했으나 들리지 않았다. 백만 원이 넘는 것을 단돈 4만 원에 샀다. 접어서 승용차에 넣지도 못하고 부피도 커서 그리 실용성 있는 건 아니었으나 바퀴가 커서 안전하게 보였다. 곧 둘째도 낳을 예정이라는데 두고 쓰면 되지. 단 한 번을 쓰더라도 손자랑 편하게 산책하고 싶다는 마음이 컸다.

다음 날 손자를 유아차에 태워 오천 광장을 걸었다. 연초록 잔디가 수백 미터 뻗어 있었다. 아들과 며느리는 이렇게 멋진 곳이 집 가까이에 있었냐며 놀라워했다. 하늘은 검은 구름을 잔뜩 이고 있었으나, 광장에는 가족 단위 나들이객이 많았다. 잔디에 손자를 내려놓고 여러 장의 사진을 찍었다. 애완견이 함께 산책하는 데라서 찜찜하긴 했으나 걷지 못하는 손자가 놀기에는 좋았다.

7월부터 아들은 직장에 복귀한다. 불과 몇 년 전만 해도 남자가 육아 휴직하는 게 어색했는데, 이제는 꽤 자연스럽다. 공무원 아내가 출산하면 배우자는 20일까지 출산 휴가를 쓸 수 있다. 휴일을 포함하면 한 달을 아내나 아이를 돌볼 수 있는 것이다. 그뿐이랴.

작년까지는 만 5세 자녀를 둔 사람만 하루 두 시간씩 육아 시간을 쓸 수 있었으나, 올해부터는 만 8세 이하 또는 초등학교 2학년 이하의 자녀를 둔 공무원으로 확대되었다. 며느리는 공무원이 아니어서 그 모든 혜택을 받을 수는 없지만 언젠가는 사기업으로도 확산될 것이다.

세상은 빠르게 아이 키우기 좋은 시절로 바뀌는데 일부 젊은이들은 결혼 출산도 다 싫다니, 안타깝다. 늘어난 혜택이 너무 당연한데도 자꾸만 아이 셋 키우며 종종거리던 나와 비교하게 된다. 고단하지만 누구도 대신해 줄 수 없는 여자만의 특권이 생명을 잉태하는 거룩한 일이 아니던가. 게다가 그 시간은 무궁무진한 게 아니라 유효기간이 정해져 있는데.

아들과 며느리는 손자 없는 세상에서는 어떻게 살았는지 기억이 잘 나지 않는다고 한다. 너무너무 힘들지만 그럼에도 손자가 주는 행복이 정말 크다고 입을 모은다. 도와줄 사람 하나 없는 낯선 제주에서, 손자를 이만큼이나 잘 키워 낸 아들과 며느리가 대견하다.

(2025)

초대

맨 처음 만나 인사를 나눈 이는 인도네시아에서 온 조카 부부다. 조카사위는 재작년에 시댁 식구들과 자카르타와 발리 가족 여행할 때 보고는 처음이다. 그는 7년 만에 한국에 나왔다. 그의 중학교 1학년 딸은 사춘기가 시작되었는지 인사조차 하지 않았지만 그 아이가 얼마나 수다스러운지를 기억하는 나로서는 크게 서운하진 않았다. 다 호르몬 탓인 걸 어쩌랴. 가만히 자기 자리 지키고 있으면 곧 돌아오리라는 걸 알기에 딸아이와 하루가 멀다 하고 싸운다는 조카를 위로했다. 그냥 시간이 해결해 주기를 기다리라고, 행동 하나하나에 애면글면하지 말라고, 간섭하고 잔소리하면 엄마와 자식 간의 사이만 한없이 멀어진다는 말도 덧붙였다.

과천에 사는 작은시누이 큰아들 부부와 손녀도 왔다. 지난 설날에 보았으니 그리 오래된 건 아니다. 서울과 광주에 사는 막내 시누이 아들과 딸 부부도 그들의 짝꿍과 자녀를 데리고 연이어 도착했다. 어머니 살아 계실 적엔 그네들은 명절이면 늘 우리 집에서 하루나 이틀쯤 자고 갔다. 두 딸과 비슷한 또래라서 친구처럼 뒹굴며 자랐다. 보육 시설이 충분하지 않던 시절이라 출근하면서 아이를 떨치고 가면 막내 시누가 우리 아이들까지 아침밥을 먹여 유치원에 보냈다. 어린 시절을 공유했기에 지금은 다들 뿔뿔이 흩어져 사는 데도 사촌들 간에 각별하다. 단톡을 만들어 김씨 집안 어른들 흉을 보기도 하고, 큰 행사를 치르면 의견을 보태기도 한다. 집안 대소사를 나보다 먼저 알 때도 많다.

제주도에 사는 아들도 왔다. 손자를 돌보느라 며느리는 오지 못했다. 꼬맹이 한 명이 움직이려면 챙겨야 하는 물건이 어마어마하여 짧은 주말에 온 식구가 출동하지는 못했다. 25년 전에 돌아가신 시숙님의 아들과 딸, 그의 짝꿍과 자녀, 둘째시누와 의형제 맺은 용자 언니, 큰시누이와 매일 아침 커피를 나누는 사돈 언니까지 열세 가족, 서른두 명이 식당에 모였다.

시어머니는 2남 4녀를 낳았지만 큰딸은 해방이 되어 일본에서 한국으로 건너오던 중 배 위에서 잃었다. 한국에 정착하여 낳은 살림 밑천 딸이 바로 큰시누이다. 그녀는 새벽 별 보며 일 나가는 엄마를 돕느라 네 시면 일어났다. 장사하는 데 필요한 짐을 터미널까지 이고 가서 버스에 실어야 했다. 집에 와서도 동생들을 챙겨 학교에 보내느라 그녀의 손은 물 마를 새가 없었다. 이 장 저 장 쫓아다니는 장돌뱅이로 평생을 산 시어머니 덕에 살림은 여유로웠으나 엄마 대신 살림하며 학교 다니느라 큰시누이 생활은 말할 수 없이 고단했다.

그런데도 시누이 셋은 모두, 당시에는 지역의 명문인 ㅅ ㅊ 여고를 졸업했다. 세상이 바뀌어 여자도 배워야 한다고 생각하는 시어머니의 앞선 식견 덕분이었다. 고등학교를 졸업하자, 큰시누이는 보건소에 취직하여 34년을 일하다 퇴직했다. 당시에는 공무원 정년이 만 57세였다.

나는 김씨 집안의 막내며느리다. 시어머니가 마흔둘에 낳은 늦둥이 아들과 결혼했다. 당시 시부모님은 모두 일흔이 넘었다. 하얀 머리에 쪽을 지어 비녀를 꽂은 시어머니는 할머니 같았다. 낳기만 했을 뿐 장사하느라고 바빠서, 키우는 건 시누이들 몫이었다. 특히 둘째시누는 남편을 돌보느라 초등학교 4학년을 통째로 건너뛰었다.

그래서일까. 김 씨들은 유난히 우애가 좋다. 고만고만한 살림을 일구며 살지만 작은 건수라도 일부러 만들어, 모여서 논다. 결혼하고는 그게 참 좋았다. 생일은 물론 졸업식처럼 특별한 날에도 외식한번 해 본 적이 없던 내게는 신세계였다. 여름이면 부모님을 모시고 가까운 산장이나 계곡에 가서 발을 담갔다. 맛있다고 소문난 식당을 멀리까지 찾아다녔다. 정이 유난히 많은 둘째시누는 시부모님과 친정 부모님을 한꺼번에 모시고 대전 엑스포를 2박 3일간 여행한적도 있다. 다리가 불편한 시어머니는 휠체어로 움직여야 해서 힘이배가 드는 데도 그 일을 자청했다.

큰형님(큰시누이)은 나보다 열아홉 살이 많다. 조금 일찍 시집갔더라면 나만한 딸이 있었을 것이다. 우리 엄마와는 불과 다섯 살밖에 차이가 나지 않았다. 시어머니가 독거노인을 끝내고 우리와 살림을 합쳤을 때는 어머니의 '요양 보호사'가 되어 날마다 우리 집에 출근했다. 정리하지 못한 살림을 깔끔한 그녀 앞에 내보이는 게 부끄러웠다. 바쁘다는 이유로 어머니를 살뜰히 챙기지 못한 것도 미안했다.

현직에 있을 때 형님은, 독감 예방주사를 맞히거나, 비씨지(BCG) 단체 접종하러 종종 초등학교에 나왔단다. 그래선지 초등교사의 삶을 이해하는 폭이 넓었다. 부족하고 서툴러도 세 아이 키우면서 직장생활하는 걸 안쓰럽게 여겨 도와주려고 애썼다. 처음에는 어렵기만 했던 그녀가 어느샌가 든든한 우군이 되었다.

그녀의 큰아들은 병약했다. 변변한 직장도 다니지 못하고 쉰이 다 되도록 홀로 늙었다. 형님은 늘 그 아들보다 하루 더 사는 걸 소망했다. 그런데 그가 몇 년 전 사고로 떠났다. "그동안 내가 그 아이를, 내 삶을 희생하면서 보살폈다고 생각했는데, 이제 보니 내가 그 아이를 정말 많이 의지했더라고." 한동안 회한에 젖어 힘들어했다. 시누이 남편도 돌아가신 터라 더 그랬다.

그 형님이 팔순을 맞았다. 덕분에 멀리 사는 조카들의 얼굴을 한자리에서 다 볼 수 있었다. 엄마는 팔순을 석 달 남기고, 갑자기 돌아가셨다. 엄마가 맞지 못한 그날을 형님이나마 치를 수 있어서 얼마나 다행인가. 부디 김씨 집안의 큰 기둥인 그녀가 지금처럼 평안하고 건강하기를, 간절히 빈다. (2025)

얼치기 농부

토요일 오후, 휴일인데도 출근한 남편을 기다렸다가 주말 주택에 왔다. 3주 전에 심은 무는 새순이 올라온 곳보다는 빈 데가 더 많다. 휘어지는 지지대로 터널을 만들고 그 위에 하얀 망사 모기장까지 씌운 배추는 서른다섯 포기 중 겨우 열한 포기가 살아남았다. 주말에만 오기에 적절한 수분 공급이 안 된 탓이다. 지난여름 내내 그곳은 풀밭이었다. 풀은 내 키보다 더 크게 자라며 세력을 키웠다. 처음에는 동네 사람들 부끄럽다고 힘에 부치면서도 부지런히 베어 내던 남편도 텃밭 농사 7년 만에 지쳤는지 올여름엔 본체만체했다.

처음부터 그런 건 아니었다. 주말 주택을 살 때만 해도 집을 감싼 텃밭에는 잡초 하나 찾기 어려웠다. 보기에도 맛있어 보이는 갓이나 상추, 혹은 열무가 넘실거렸다. 크고 탐스러운 노란 유자가 주렁주렁 달렸다. 가지가 휘게 붉은 감이 열린 감나무가 집 주변을 감쌌다.

우리가 집을 산 그해 가을에도 크고 맛있는 감이 열렸다. 포도나무에는 미처 다 따 먹지 못할 만큼 포도송이가 달렸다. 무화과는 가을이 깊어 가도록 주말마다 내 군것질거리가 되어 주었다. 한여름보다 찬바람이 불기 시작할 무렵이 육질이 단단하고 훨씬 달다는 것도 그때 처음 알았다.

집 뒤에는 텃밭, 그 위로는 400평이 넘는 녹차밭이 있다. 봄이면 차나무의 파릇한 새순이 신기했다. 잎이 거친 것에 비해 너무도 수줍은 하얀 꽃이 피었다. 남편은 좁은 골을 따라가며 잡초 방지용 매트를 깔았다. 녹차 나무 가지에 찔려 가며 허리 아프게 공들인 것에 비해 너무 일찍 무용지물이 되었다. 매트는 여름 햇볕에 삭았고, 풀은 그 사이를 뚫고 나올 만큼 힘이 셌다.

힘들여 깎았고, 녹차를 만드는 데 쓰이는 옹기를 전 주인에게서 샀지만 차를 만든 건 몇 번 되지 않는다. 공들인 수고에 비해 완성품은 너무 적었고 커피 마니아인 남편과 내게는 그 가치와 효용성이 와 닿지 않았다. 멀리 바다가 보이고, 붉은 교회 지붕이 푸른 녹차밭과 어우러져 그럴듯한 풍경을 자아냈지만 그뿐이었다.

남편은 농사를 지어 본 적이 없다. 그래도 주말 농사 몇 년 만에 파와 쪽파도 구별하지 못하던 사람이 관리기를 몰고 밭을 간다. 혼자서 검정 비닐을 씌워 작물을 심고, 예초기로 풀도 벤다. 보기에도 무시무시한 톱날이 달린 무선 전기톱을 휘두르며 녹차 나무도 깎는다. 그런 날이면 돌아누울 때마다 끙끙 앓는 소리를 낸다. 모기가 뜯은 등짝은 멀쩡한 데가 없이 붉게 부어 있다.

그런데도 우리 집은 풀밭이다. 특히나 지난 늦봄, 일이 있어서 한 달 만에 왔더니 정글이 되었더라. 겨우 심어 놓은 고추는 제때 지지

대를 해 주지 않아서 다 쓰러져 있었다. 주변 잡초가 더 크게 자라서 지지대를 해 주기도 어려웠다. 결국 남편이 고생해서 심은 100주나 되는 고추는 제대로 수확도 못 한 채 풋고추 몇 개 따 먹는 데 그쳤다.

그뿐이랴. 포도와 무화과나무는 지난가을의 무리한 가지치기로 올해는 열매조차 맺지 않았다. 그나마도 칡넝쿨이 덮여서 생존의 기로에 서 있다. 이 집을 산 첫해, 세상 어느 곳에서도 맛본 적 없는 아삭한 감을 선물 해 주던 감나무는 봄이 되어도 새순이 돋지 않았다. 뒤늦게 땅속에 묻은 음식 쓰레기를 파서 옮기고 새 흙을 가져다 부은 덕에 겨우 살아나기는 했지만 감꽃은 피지 않았다. 맵고 짠 음식 찌꺼기가 뿌리까지 흘러내린 탓이었다.

수돗가 양쪽에 있는 유자나무도 세 그루가 죽었다. 남은 세 나무에서 올해는 유자가 많이 열렸다. 아직은 짙은 초록이지만 머잖아 노랗게 본래의 색을 드러낼 것이다. 농약이나 화학 비료를 한 번도 쓰지 않았기에 크기는 탱자만 하고, 오돌토돌한 표면에 검은 점이 많지만, 유기농이라서 믿고 먹을 수 있다.

자두나무 꽃이 이쁜 것도 처음 알았다. 언뜻 보면 매화꽃과 비슷하지만 하얀 꽃이 뭉쳐서 다닥다닥 피어난다. 달큰한 향기가 어찌나 강한지 벌이 수없이 윙윙거린다. 가지치기도 안 해 줬지만 작년과 올해 열매가 많이 열렸다. 맛도 좋으면 금상첨화일 텐데 시고 떫어서 먹을 수가 없었다. 거름을 해 주지 않아서 그렇다는 걸 나중에야 알았다. 몇 년째 나무에서 저절로 떨어질 때까지 방치했다. 올해는 효

소라도 담아 볼까 싶어서 몇 개 땄더니 열매마다 벌레가 들어 있었다. 올해도 자두는 나무에서 그대로 말라 갔다.

7년 전 텃밭에 둘러싸인 이 집을 사고서는 부자라도 된 듯 마음이 부풀었다. 집에서 한 시간 거리라 자주 오기는 힘들었지만 주말에 와서 묵으면 마음이 평안했다. 창문을 열면 들리는 꿩이나 산비둘기의 화음도 좋았다. 초여름에는 밤새 개구리가 울었다. 여름이면 온갖 풀벌레들이 제각각의 소리로 노래했다. 마당에 둔 고양이 사료에 눈독을 들인 때까치 녀석은 내 아침잠을 깨우는 초대하지 않는 손님이었으나 이곳에서만 들을 수 있었다.

처음에는 나도 텃밭에 나와서 조금씩 일했다. 부추 밭 풀도 매고, 남편이 고추모를 심어 놓으면 아래쪽 어린잎 순치기도 하고, 튼튼하게 줄 매는 법을 유튜브에서 공부해서 지지대도 세웠다. 나머지 시간은 주로 풀을 맸다. 아침잠이 많은 나는, 새벽에 잠들 수는 있지만 그 시간에 일어나는 건 힘들다. 어쩌다 평소보다 30분쯤 일찍 일어나는 날에는 하루 종일 하품을 달고 산다. 그러니 평일도 아닌 휴일 아침에 일찍 일어나기는 참으로 어렵다. 한낮에는 뜨거워서 못하고, 산 그림자가 생기는 해 질 녘에 밭에 나와서 한두 시간 일하는 게 전부다.

그 시간에는 모기도 앵앵거리며 극성을 부린다. 종아리와 팔뚝이 성한 데가 없다. 그나마 보이지 않는 데면 다행인데 언젠가는 이마와 뺨이 부어올라 탈바가지가 되었다. 몇 주간이나 모기 물린 상처를 달고 다녀야 했다. 그뿐인가. 긴 팔에 긴 바지를 입고, 장갑까지 야무지게 끼었는데도 손목 주변에 띠를 둘러서 난 수포 때문에 두 번이나 주사를 맞고 1주일간이나 약을 먹었다. 아니 도대체 풀을 얼마나 맸다고 글쎄, 풀독이란다. 포도 따다가 벌에 쏘여서, 자다가 지네에 물려서도 병원에 갔다. 더 많이 더 오래 일하는 남편은 멀쩡한데 나만 그런다.

이제 나는 거의 밭에 나가지 않는다. 텔레비전을 보거나 책을 읽다가 졸리면 낮잠을 잔다. 때맞춰 끼니만큼은 잘 챙긴다. 텃밭에서 나는 먹거리와 가까운 수산물 위판장에서 파는 제철 해산물로 1주일간 부실하게 차렸던 밥상을 만회라도 하듯 산해진미로 차린다. 〈나는 자연인이다〉의 꿈을 실천하는 남편에게 맘껏 기회를 준 것으로 위안을 삼는다. 주말 주택을 온통 꽃밭으로 가꾸는 꿈은 애시당초 물 건너갔다. 얼치기 농부가 주인이 되고부터 소휴당(笑休堂, 웃음과 휴식이 있는 작은 집)은 점차 풀밭이 되어 가고 있다. (2022)

참새 방앗간

　야구 모자를 눌러 쓴 딸이 나간다. 1주일 중 유일한 휴일인데 그조차 제대로 쉬지 못한다. 한가롭게 텔레비전이나 보고 있기가 미안해진다. 이럴 때마다 월급쟁이로 산 게 다행이라는 생각이 든다. 때 되면 월급 나오고, 정시에 퇴근하고, 또 조금은 여유를 찾을 수 있는 방학이 있는 직장인으로 살았으니 말이다.

　큰딸은 본인의 뜻에 따라 화학을 전공했다. 꽤 좋아하는 데다 잘해서 대학만 졸업하면 어디든 들어가겠거니 했다. 그런데 3학년을 마치고 갑자기 진로를 바꾸겠다며 공부를 더 해 보겠단다. 무엇이든 할 수 있는 나이인데 좀 늦으면 어떠랴. 흔쾌히 뒷받침해 줬다.

　시험은 1년에 한 번 있었다. 기대와는 달리 몇 년이 지나도 제자리걸음이었다. 과도한 스트레스로 엉덩이 평수만 늘려가고, 청춘의 가장 아름다운 때를 책상에 앉아서 벽만 쳐다보고 보냈다. 행여 내가 하는 말이 상처가 될까 봐 세세한 걸 묻기도 조심스러웠다. 타지에서 돈 떨어지면 마음까지 움츠러드는 걸 대학 다니면서 경험한 나로서는 그저 용돈이나 넉넉하게 쥐여주는 게 전부였다.

시험에 몇 번 떨어지고 나니 서른이 코앞이었다. 딸 친구들도 하나둘 자리를 잡아 나갔다. 마음이 바빠졌는지, 이제는 직장을 구하겠다고 했다. 그런데 책상 앞에서 한 가지 공부만 하다 보니 정작 취업에 필요한 스펙이 없었다. 흔한 컴퓨터 자격증 하나도 말이다. 때맞춰 터진 코로나19로 기업은 더 허리띠를 졸라맸고, 공채 인원을 줄였다는 소식만 들려왔다.

어릴 때는 세 아이 중 가장 영특했다. 20대를 맥없이 흘려 보내고 서른도 진즉 넘어선 큰딸을 보면 안쓰럽고 속상했다. 당사자 맘은 오죽하랴 싶어 요즘 어떻게 지내고, 공부는 잘 되느냐고 제대로 묻지도 못했다. 어쩌다 내려오는 날에도 시댁이나 친정 가족 모임에 나가기를 꺼렸다. 딸아이는 뾰족해지고 예민해졌다. 그즈음 딸과 다섯 살 차이가 나는 막내가 취업에 성공했다. 아들의 성취가 대견하면서도 딸 눈치가 보였다.

13년의 서울살이를 정리하고 내려와서 카페를 해 보는 게 어떠냐고 권했다. 손도 빠르고, 감각도 있어 마음만 먹으면 잘할 것 같았다. 전공과 전혀 관련이 없는 데다 지금껏 배운 걸 써먹지 못하는 건 안타깝지만 출구가 보이지 않기에 낸 묘수였다. 조심스럽게 말을 꺼낸 우리 부부와 달리 흔쾌히 해 보겠단다.

커피의 맛과 향을 감별하는 센서리 과정과 카페 음료와 빵 만드는 학원에 바로 등록했다. 오전에는 커피, 오후에는 빵 만드는 방법을 배우는 강행군이었다. 또 1주일에 두 번씩 카페에서 아르바이트를 하면서 실전 경험도 쌓았다. 실내 인테리어가 잘 된 커피숍 순례도

빼먹지 않았다. 배워야 할 게 한두 가지가 아니었다.

한편으론 카페 공간 리모델링 업체를 알아 봤다. 원래 식당 자리라서 손 볼 게 한두 가지가 아니었다. 내가 사는 지역의 두 군데 업체와 접촉하여 견적을 받았다. 한 군데는 여러 번 약속을 어겨서, 또 다른 데는 너무 높은 가격을 불러서 성사되지 못했다. 이번에는 타 지역에서 찾았다. 어느 날은 서울에서 내려오는 자신을 데리러 나주까지 오라고 했다. 그곳 업체가 만든 시뮬레이션과 설계도 설명을 한 시간 가까이 들었다. "네. 설명 잘 들었습니다. 생각해 보고 연락 드릴게요." 그게 다였다. 미안해하는 나와는 달리 맺고 끊는 게 칼이었다. 다행히 네 번째 만난 광주의 업체와 연이 닿아 공사를 시작했다.

배관, 금속, 단열, 목, 도장 공사가 일정대로 착착 진행되었다. 그런데 변수가 생겼다. 러시아와 우크라이나 전쟁으로 원하는 타일의 수입이 안 되어서 공사 마무리가 늦어졌다. 멀고 먼 나라의 전쟁이 이 작은 도시에까지 영향을 미친다니 지구촌이라는 말을 실감했다.

그사이 카페 이름을 정하고, 로고 디자인도 전문 업체에 맡겼다. 또 소파를 맞추고, 가구도 주문했는데 내가 알던 방식과는 완전히 달랐다. 가구점에서 새 가구를 사는 게 아니었다. 70~80년대 유럽에서 쓰던 가구와 조명이 간간이 하나씩 배달되었다. 하늘색의 은은한 등은 스웨덴에서, 6인용 주황색 의자는 멀고 먼 독일에서 온 거라고 했다. 색이 바래고 칠이 다 벗겨진 둥근 모서리 6인용 탁자도 빈티지 가게에서 주문했다. 그 당시의 가구가 고풍스럽고 튼튼하여 손질하여 쓰면 훨씬 멋스럽다나 뭐라나. 중고라 하여 가격이 싼 것도 아니었다. 처음에 잡았던 예산을 초과한 지 오래였다. 그렇게 딸은 카페를 7년이나 운영하기도 했다는 젊은 사장의 조언을 받아 실내를 하나하나 채워 나갔다.

커피 기계, 냉장고, 오븐 등의 전자 제품과 소소한 용품도 하나씩 도착했다. 커피 하나만 해도 아메리카노와 카페라떼, 아인슈페너 등 음료 종류에 따라 담는 그릇이 다 달랐다. 가게를 여는 데 이렇게나 많은 물건이 필요한지 예전엔 미처 몰랐다. 주변에 자영업 하는 사람이 없어서 도움을 받을 수도 없었다. 어느 날은 자몽과 레몬, 청 귤차를 직접 담갔다. 그 모든 과정을 인스타그램에 올려 홍보했다. 원래 카페 자리가 아니라서 그 일은 필수라고 했다. 그렇게 딸은 복잡하고 힘든 일을 차근차근해 나갔다.

카페를 연 지 2년이 넘었다. 침체된 골목을 활성화하겠다는 당찬 포부대로 이제는 제법 자리도 잡고, 주변에 음료와 디저트 맛집으로 소문이 나 멀리서 찾아오는 손님도 많다. 장사하는 사람이 제일 어려운 게 사람 쓰는 일이라던데 알바생들과도 인간적으로 소통하는 모습을 보면 대단하다는 생각이 든다. 일이 손에 익은 딸도 처음의 불안과 걱정을 내려놓고 꽤 즐겁게 일한다. 그런데도 오늘처럼 빵을 굽느라고 자정이 넘도록 일하거나 손가락 통증으로 병원에 다니는 것을 보면 또 맘이 좋지 않다.

퇴근하면 '카페 알록'에 들른다. 따뜻한 아메리카노 한 잔을 시킨다. 독서내를 펴서 어제 읽다 만 책을 읽는다. 그 사이 단골이 늘어서 나와도 눈인사 나누는 손님도 생겼다. 고양이와 강아지도 간간이 찾기에 심심할 새가 없다. 쓴맛과 신맛이 적당히 조화를 이룬 '모모스 커피'가 부드럽게 넘어간다. 참새 방앗간이 있어서 참 좋다.

(2022)

콩아, 미안해!

우리 집은 3층이다. 계단을 따라 오르면 오른쪽 창문 아래에 크고 작은 액자가 줄줄이 놓여 있다. 지난여름 파라과이에서 돌아온 딸이 열흘 넘게 집 여기저기를 대청소하더니 미처 걸지 않고 문갑 뒤에 세워진 채 쌓여 있는 사진 더미에서 고른 것이다. 가장 왼쪽에는 20년도 더 전에 엄마 회갑 기념으로 사진관에 간 김에 찍은, 우리 가족 최초의 가족사진이 있다. 남편은 양복, 나와 아이들은 한복 차림이라 옷부터가 통일되지 않아 촌스럽지만, 그래도 얼굴에 살이 하나도 없는 짧은 커트 머리 30대 나를 만날 수 있다. 오른쪽 끝에는 아들이 유치원 졸업 무렵 학사모를 쓴 독사진이 있다. 섬 학교여선지 사진도 딱 그 수준이다. 아들의 장점을 하나도 살리지 못했다.

가운데는 하얀 연미복을 입고 사진관(지금은 스튜디오라고 하지만 그때는 다 사진관이었다.) 주인의 '까꿍' 소리에 맞추어 고개를 비스듬히 숙이고 귀엽게 웃고 있는 아들이 담겼다. 옷과 표정은 참 좋은데 양말이 없다. 아들의 생일은 광복절 다음 날이다. 너무 더워 그만 양말을 챙기지도 않은 채 돌 사진을 찍은 것이다. 아파트 바로 앞 사진관이었는데도 집까지 한 발자국도 걷기가 싫어서 그대로 찍었다. 오밀조밀 발가락이 어찌나 귀여운지 볼 때마다 잘 웃던 아들의 아기 때가 떠올라 기분이 좋아진다. 큰딸의 돌 사진도 딸 방에 걸려 있다. 친정 엄마가 사 준 알록달록 색동 한복을 야무지게 갖춰 입고 환하게 웃고 있다. 돌이라는 게 믿어지지 않을 정도로 표정이 살아 있다.

큰딸은 시내 사진관까지 갔다. 첫아이니까 일말의 고민도 없었다. 그런데 작은딸은 망설여졌다. 자라는 순간순간에도 카메라를 들이대는 횟수가 현저하게 적었다. 보행기에 앉아서 졸거나, 입 주변은 물론이고 양쪽 뺨까지 시커멓게 물들이고는 손으로 자장면을 먹는 웃기는 사진만 남아 있을 뿐이다. 두 아이 키우느라고 마음도, 시간도 내기가 쉽지 않았다.

돌이 지났지만 차일피일 미루고 있었다. 그런데 마침 아이의 셋째 고모부가 찍어 준다며 날을 잡으라고 했다. 나도 모르는 새 남편과 약속했단다. 살짝 의아했으나 대학 다닐 때도 사진 동아리에서 활동했고, 현재도 시내 사진관에서 일하기에 크게 걱정하진 않았다.

어느 날 빛의 양을 조절하는 커다란 우산 모양의 반사판까지 든 채 그가 집에 왔다. 아이들이 집에서 소꿉놀이할 때 쓰는 연두색 의자에 작은딸을 세우고는 수십 장의 사진을 찍었다. 이쪽에서 반사판을 들어라, 각도를 조금 숙여라, 위로 올려라 등 온갖 지시를 다 했다. 전문가용으로 보이는 긴 카메라가 그나마 신뢰감을 주었다.

며칠이 지나자 사진이 왔다. 그런데 이게 웬일인가. 얼굴은 거무튀

튀하고, 언니한테 물려 입은 한복과 조바위는 전혀 어울리지 않았다. 꼭 남의 옷 빌려 입은 듯(실제로도 남의 옷이지만) 어색했다. 화면도 어둡고, 배경으로 쓴 노랑이 많이 섞인 얼룩덜룩한 커튼은 촌스럽기 짝이 없었다. 연두색 의자도 배경과 어울리지 않고 튀었다. 무엇보다 아래에서 위를 보는 듯한 구도라서 얼굴이 찐빵처럼 커 보였다. 누가 봐도 아마추어 솜씨라는 게 티가 났다.

돌 사진 석 장을 나란히 걸어 두면 사연을 모르는 사람조차 가운데 사진은 집에서 찍었냐고 묻는다. 작은딸한테 그저 미안할 뿐이다. 사진이 엉망이라는 걸 알았던 그때라도 전문가한테 갔어야 했다. 지금껏 자신만 왜 그 모양이냐는 원망을 열 번도 넘게 들었다. 알면서도 또 묻는다. '응애응애' 자신이 작아질 테니 이제라도 다시 찍어 달라는 억지도 종종 부린다. 아파트 대출금 갚느라고 허덕일 때였노라는 변명은 통하지 않는다. 딸아이의 12개월은 두 번 다시 오지 않기 때문이다. 딸과 아들을 차별하면서 키웠다고 생각지는 않지만 이럴 때는 말문이 막힌다.

입이 열 개라도 할 말이 없다는 건 바로 이럴 때 쓰는 말이리라. 콩아(작은딸 별명)! 진짜 미안하다! (2023)

수호천사

아버지는 나를 낳고, 무려 서른 살이 되어서야 군대에 갔다. 나는 엄마와 아닌 할머니, 할아버지 사이에 끼어서 잤다. 아버지가 군대에서 돌아오고 4년 터울 남동생이 태어났지만 그분들은 첫 손녀인 나를 많이 아꼈다.

할아버지는 말이 별로 없었다. 논에서 일하고 돌아오시면 막걸리에 밥을 말아 드셨다. 생고구마를 가마니에 쓱쓱 비벼서 입에 넣었다. 손자 손녀 사랑이 눈빛과 표정에서 잘 드러나서 나는 할아버지가 돌아가시고도 오래도록 할아버지를 그리워했다.

할머니는 수다스러웠다. 생일상만 차려도 물을 떠 놓고 빌었다. 가마솥에서 밥물만 끓어올라도 '우리 자식 잘되게 해 달라.'고 두 손을 모았다. 동생이 아프거나 집안에 우환이 생기면 할머니 또래의 당골네(무당)를 불렀다. 장독대, 우물가, 정지(부엌)를 돌면서 바가지에 든 붉은 팥죽을 조금씩 떠서 뿌렸다.

나는 할머니 치마폭에서 자랐다. 할머니는 어디든 당신 가는 곳마다 나를 데리고 다니셨다. 정월 대보름에 꽹과리, 북, 장구, 소고

등의 악기로 꾸린 광양 버꾸놀이를 처음 본 곳도 시계탑 사거리 부근의 부잣집 마당에서였다. 광양읍 인서리 숲에는 500년 된 팽나무 여러 그루가 있다. 여름이면 큰 그늘 아래 모여서 노는 어른들의 쉼터이기도 했지만, 북망산에 가기 전에 마지막 노제가 열리는 곳이기도 했다. 상여를 가운데 두고 커다란 교자상 두 개를 맞붙여 상을 차리고 예를 치르고 나면, 음식을 모인 사람에게 골고루 돌렸다. 먹을 것 귀하던 그 시절, 별미를 맛볼 수 있는 날이다. 할머니는 음식을 챙겨 조금이라도 내 입에 넣으려 했지만 나는 끝끝내 먹지 않았다. 귀신이 먹었던 음식이라 생각하니 두려운 마음이 컸다. 그건 배고픈 것보다, 시장기보다 더 앞섰으니 어릴 때부터 나는 겁 많은 아이였다.

초등학교 4학년 때 다른 지역에 살던 큰아버지가 온 가족을 끌고 우리 집으로 이사 왔다. 그분의 자식은 3남 5녀나 되었는데 하필 그해에 나랑 동갑인 아이가 병으로 죽었다. 다 키운 자식이 그리되어서 상심했는지, 아니면 변화가 필요하다고 느꼈는지 큰아버지는 살던 곳을 정리하고 읍으로 올라왔다. 장자의 말에 토를 다는 어른은 없었다. 결혼하면서부터 부모님을 모시고 살았건만 아버지는 형의 말에 아무 말도 하지 못했다. 결국 우리 식구는 내가 초등학교 4학년 때 큰아버지가 사 준 작은 집으로 이사했다.

할머니 집과는 그리 멀지 않았으나 태어나면서부터 그 골목에서만 자랐기에 새로 이사 온 동네에 정이 들지 않았다. 학교에서 돌아오면 나와 동생들을 보살피고 반갑게 맞아 주던 할머니가 더 이상

집에 계시지 않았다. 조부모가 보고 싶었지만, 그 집은 더 이상 우리 집이 아니었다. 내 또래의 사촌들이 살고 있어서 놀러 가는 것도 눈치가 보였다. 어쩌다 가더라도 잠깐 머물다 와야 했다. 우리 할머니, 할아버지가 아닌 듯 낯설고 어색했다. 할머니는 어릴 때부터 키운 내게 먹을 것을 숨겨 놓았다가 주고, 종종 사촌의 흉을 보기도 했지만 큰아들이 어려워서 대놓고 그러지는 못했다.

중학교 1학년 봄 체육대회를 마치고 집에 왔다. 분가하고부터 저녁 식사 준비는 내 차지가 되었다. 아버지 몫까지 일해야 했던 엄마는 늘 바빴다. 다섯 살, 일곱 살, 열 살의 동생도 챙겨야 했다. 아침에 엄마가 해 둔 국과 반찬을 주로 먹었지만 밥 짓는 건 내 몫이었다. 두레박으로 물을 떠서 쌀을 씻고 있는데 옆집에 사는 옥근이가 대문을 열고 들어섰다. "누나, 할아버지 돌아가셨다던데. 누나는 거기 안 가?" 평소에도 장난기 많은 그였기에, 처음에는 거짓말하는 줄 알았다. 얼마 전부터 편찮으시긴 했지만 돌아가실 정도로 심하지는 않았다. 정색하고 물으니 진짜란다.

큰집에 들어서니 사립문 양쪽에, 짚으로 만든 망태기에 사잣밥이 걸려 있었다. 온 집에 불이 환히 켜져 있고, 마당에는 사람이 많았다. 부산 사는 고모 셋도 이미 와 있었다. "아부지, 아부지가 이뻐라 하던 선희(어릴 적 내 이름)가 왔어요." 큰고모가 나 대신 할아버지께 알렸다. 보면서도 믿기지 않았다. 눈물도 나지 않았다. 엄마는 바쁘게 일하고 있었다. 부산에서 고모가 올 정도의 시간이 흘렀는데, 아무도 학교에 있는 내게 연락하지 않은 것이었다.

고모와 어른들은 이런저런 이야기를 하다가 간간이 웃음을 터뜨렸다. 그러다가 정해진 시간이 되면 언제 그랬냐는 듯 곡소리를 내며 울었다. 울다가, 웃다가 꼭 연극배우들 같았다. 더 이상 할아버지가 이 세상에 안 계신데 사람들이 저리 웃는다는 게 야속했다. 밤이 되자, 혼자 집에 왔다. 아무도 없는 집에서 목 놓아 울었다. 그제야 비로소 참았던 눈물이 흘렀다.

고3 수험생 시절, 밤 열 시까지 학교에 남았다. 대학을 가라거나, 보내 준다는 사람도 없었다. 어떻게든 되겠지, 지금은 공부나 하자고 마음을 다잡지만 실낱같은 희망조차 보이지 않아 한 번씩 맥이 풀리곤 했다. 그런 날이면 밤하늘을 올려다보았다. 유난히 반짝이는 별을 '할아버지 별'로 정했다. 지금 이 순간을 슬기롭게 잘 넘길 수 있도록 도와 달라고 빌었다.

공부가 끝나고 집으로 오는 데 15분쯤 걸렸다. 멀더라도 큰 도로를 따라 안전하게 갈 것인지, 어둡고 당산나무가 있지만 조금 더 빨리 집에 도착할 것인지를 두고 늘 고민했다. 골목에는 지금은 흔한 가로등 하나가 없었다. 밤에 보는 당산나무는 소름이 오싹 끼칠 정도로 무서웠다. 그때마다 마음속으로 할아버지를 찾았다. 항상 그분이 지켜 줄 거라고 믿었다. 할아버지를 '수호천사'라고 여겼다.

그때로부터 시간이 많이 흘렀다. 수호천사를 꽤 오래 잊고 살았다. 내가 태어나고 자란 그 집에 지금은 큰집의 큰오빠가 산다. 큰아버지가 돌아가시자 귀향하여 그 터에 집을 새로 지은 것이다. 어느

해 봄, 할아버지 제삿날에 맞춰서 남편과 갔더니 음식을 거하게 차리긴 했는데, 아무런 의식 없이 먹기만 하더라. 아아. 짧은 추도식이라도 했더라면 덜 서운했을 것이다. 이후로는 두 번 다시 찾지 않았다. 가난하긴 했으나 어른들의 넘치는 사랑으로 내 유년의 뜰은 참으로 따스했다. (2023)

엄마 있는 사람이 부럽다

어린이날이었다. 여름 장맛비처럼 비가 쏟아졌다. 지독했던 봄 가뭄이 비로소 해갈되었다는 소식이다. 그 비를 뚫고 열한 시에 만나기로 했다. 와이퍼를 최고 속도로 올리며 가고 있는데 광주 사는 동생이 벌써 도착했다고 전해 왔다. 예약해 둔 기정떡(증편, 술떡의 전라도 방언) 한 상자를 찾아 서둘러 병원으로 향했다. 차에서 내리는 잠깐 사이에 옷이 흠뻑 젖었다.

오늘은 두 여동생 부부와 남동생, 우리 부부까지 이모를 찾아보기로 한 날이다. 엄마의 일곱 형제 중 서울 삼촌을 제외하고는 유일하게 남은 분이다. 요양원 들어갔다는 소식을 몇 달 전에 들었는데도 찾아가지 못했다. 아니 관심이 가지 않았다. 엄마 돌아가시니 외갓집도 멀어졌다. 간간이 장례식장에서 사촌을 만나야 이런저런 소식을 들을 수 있었다.

막내까지 기다렸다가 병원 문을 두드렸다. 현관 유리창에 코로나로 면회를 제한한다는 안내장이 붙어있다. 모처럼 모였는데 그냥 갈 수가 없어서 대표 번호로 전화하니 사람이 내다본다. 그런데 문제가 생겼다. 이모 이름을 대니, 그런 사람은 없단다. 이종사촌에게 전화를 걸었으나 연결되지 않았다. 외삼촌에게 전화하여 거우 알아냈으나 이번에는 요양원 측에서 딴소리를 한다. 엘리베이터에서 사람이 내리기가 바쁘게 밖으로 뛰쳐나가려고 하는 형편이라 면회 금지란다. 우리야 슬쩍 보고 가면 그만이지만 이후 누가 감당하겠냐며 양해해 달란다. 뒤늦게 전화를 걸어온 이종사촌이 사정했으나, 통하지 않았다.

마침 사무장이 들어섰다. 직접 환자를 돌보는 요양 보호사보다는 여유로운 표정이었다. 어버이날을 앞두고 이모 생각이 나서 왔다고 하니 잠깐 망설이는 듯했다. 그러나 직원의 이야기를 듣고는 어렵겠다고 했다. 한 가지 대안이라며 내놓은 게 영상 통화였다. 담당자가 내 전화번호를 묻더니 5층으로 올라갔다. 안 본 새 이모가 그렇게 나빠졌나. 이제야 찾아온 게 후회되었다.

휴대폰 속 작은 화면으로 이모와 마주했다. 그런데 아무리 봐도 이상했다. 살이 빠진 걸 감안하더라도 우리가 익히 알던 얼굴이 아니었다. 눈썰미 좋은 막내가 우리 이모가 아니라고 단언했다. 알고 보니 이모는 '주리'인데 하필 성도 같은 '두리' 할머니가 그 요양원에 있어서 벌어진 해프닝이었다. 일제 강점기에 태어난 엄마 이름은 '자'로 끝나는데 엄마보다 나이가 많은 이모는 지금 들어도 세련된 이름이다. 우리가 기억하는 '두레'는 집에서 부르던 호칭이었던 모양이다.

이모가 휠체어를 타고 면회실로 들어왔다. 마스크를 벗고 보니 엄마랑 많이 닮은 얼굴이 드러났다. 연세에 비해 얼굴도 깨끗했다. 처음에는 어리둥절하더니 곧 우리들 이름도 떠올리며 반가워했다. 남동생에게는 살이 쪘단다. 이모는 치매보다는 돌봐 주는 자식이 없어서 요양원에 왔다. 낮에는 요양 보호사가 있어서 괜찮지만, 밤에 혼자 있는 동안 넘어져서 다치고, 골절되는 일이 잦았다. 이모에게 몇 살이냐고 물었다 "아흔세 살. 이리 오래 살아서 뭐 할끄나."라고 했다. 나이를 정확하게 맞힌 거다. 그러면서 덧붙였다. "그런데 느그 엄마는 왜 한 번도 안 오냐? 보고 싶은데." 그때 알았다. 아, 이모도 치매구나. 엄마 돌아가신 장례식장에 당신보다 먼저 가는 게 어딨냐며, 발 뻗고 대성통곡한 일은 잊었나 보다. 나도, 형제들도 그 말에 눈물이 왈칵 쏟아졌다.

이모는 엄마보다 열 살이나 많다. 5남매의 자식들이 모두 서울에 사는 데다 가장 살갑던 아들이 작년에 먼 길 떠났다. 물론 이모한테는 숨겼지만. 이모부가 돌아가면서부터 혼자 살았으니 그 세월이 30년이다. 80이 넘어서는 침대에서 떨어져 골반 뼈가 부러졌다. 1년 넘게 입원했으나, 털고 다시 일어선 의지의 한국인이다.

엄마는 돌아가신 큰이모만큼 좋아하지는 않았다. 나눠 먹을 줄 모르고, 움켜쥐기만 하는 독한 사람이라고 했다. 이모 집은 전기세가 5천 원도 안 나왔다. 마당에 불도 켜 두지 않았다. 텔레비전도 거의 보지 않고 일찍 잠자리에 들었다. 바쁜 농사일을 마치면 쌀은 물론, 고춧가루, 깨 등을 바리바리 싸서 서울에 다녀오는 게 연례행사였다. 그때마다 밤 10시 반에 출발하는 기차를 타려고 우리 집에 왔다. 이모 집은 첩첩산중 산골이라서 버스가 일찍 끊겼기 때문이다. 막차를 타고 와서 집에서 머물다가 밤 기차로 서울에 갔다.

여름에는 기정떡이 단골 메뉴였다. 감 이파리가 떡과 떡 사이에 끼워져 있었다. 떡이 부드럽고 물기가 많은 데다 쫀득쫀득해서 서로 엉겨 붙지 말라고 넣은 것이다. 지금이야 편하게 비닐로 낱개 포장을 하지만 그땐 크고 두꺼운 감나무 잎이 그 역할을 대신했다. 이모는 이고 온 보따리를 마루에 내렸다. 떡이 담긴 대나무 석작이 여러 개였다. 식구들 맛보라고 몇 개를 내놓았다. 겨우 한 사람 앞에 한 개씩 돌아갈 양이었다. 우리처럼 쌀을 사 먹는 형편도 아니니 넉넉하게 해서 우리도 한 석작 주면 어디 덧나느냐는 게 엄마의 생각이었다. 인정머리 없는 이모를 욕하면서도 기차 시간에 맞춰 보따리를 기차역까지 날라다 주곤 했다.

이모의 자식들은 가방끈이 짧았다. 아들은 고등학교, 딸은 중학교까지만 보내고 타지로 쫓았다. 없는 형편에 새끼들 줄줄이 대학 보내서 고달픈 것 아니냐며 엄마를 흉봤다. 그래도 엄마는 자식들 다 떠나고 홀로 남은 그녀를 살뜰히 살폈다. 해마다 언니 몫의 김치까지 김장을 넉넉하게 했다. 이모는 수시로 엄마를 찾았다. 태풍으로 쓰러진 벼를 묶어야 해서, 감 딸 때가 되어서, 깨를 베어야 해서 등 이유도 다양했다. 엄마는 미운 정 고운 정이 들었는지, 의지하던 큰이모가 돌아가시고부터는 꽤 다정하게 지냈다.

형제들과 국밥으로 점심을 때우는데 그새 소식이 전해졌는지 이모의 작은딸에게서 전화가 왔다. 남자 사촌들은 간혹 만났지만, 그녀는 초등학교 때 이후로는 보지 못했다. 전화였지만 어릴 적 목소리가 남아 있었다. 치매 걸린 엄마를 안타까워하면서도 너무 오래 살아서 걱정이란다. 질투가 난다. 이치에 안 맞는 말일지라도 손 붙잡고 이야기 나누고, 엄마라고 부를 사람이 있다는 것만으로도 얼마나 큰 행복인지 언니는 아직 모르나 보다. 엄마 있는 사람이 부럽다. (2023)

밤하늘의 천국

라디오에서 노래가 흘러나와. 내 동포들 이름이 나와서 유심히 들었어. 내 이름은 밤하늘. 일곱 살 먹은 암컷 고양이야. 사람 나이로 치면 마흔아홉, 중년인 셈이지. 밍키네 가족과 함께 산 지 7년이 되었어. 원래는 이 집 막내가 아는 형 집에서 나를 입양해서 좁은 자취방에서 함께 살았어. 그런데 무려 한 달이나 중국으로 여행 간다며 나를 여기로 보내더라고. 처음에는 진짜 짜증이 났어. 엄마, 아빠라는 사람이 나와 함께 사는 방법을 전혀 모르는 거야. 밥하고 물만 주면 다냐고? 나랑 놀아 줘야 할 거 아니야. 모르면 요즘 잘 나오는 너튜브 보고 공부라도 해야 할 텐데, 통 그런 노력도 안 하더라고. 이젠 포기했어. 대신 큰언니와 작은언니가 잘 살펴 줘서 그나마 다행이야.

너희도 알다시피 우린 냄새에 예민하잖아. 환경이 너무 달라져서 처음엔 어리둥절했어. 방 한 칸에서 살 때는 답답했는데, 이제는 여기저기 다닐 수 있어서 좋아. 손님이 와도 숨어 있을 데도 많고. 베란다에 있는 긴 나무 탁자에 앉아 하루 종일 햇빛 바라기를 하고 있으면 행복해. 옷걸이에 걸린 옷 사이에 숨어서 낮잠을 자는 것도 꿀맛이지. 퇴근한 집사가, 내 이름을 부르며 애타게 찾으면 선심 쓰듯이 나오곤 하지. 3년 전에 지금 사는 곳으로 이사 왔어. 여기도 나쁘진 않더라고. 햇살도 잘 들어오고, 낮에는 주인이 다 나가 버리니까 내 세상인 점도 좋아. 심심하면 창밖을 내다봐. 시끄럽긴 하지만 사람들이 왔다 갔다 하는 모습을 구경하다 보면 하루가 금방 가.

'밍키네 가족'을 소개할게. 밍키는 내 집사 이름을 애교스럽게 부른 거야. 배변통을 치우고, 먹이를 챙겨 주는 일은 주로 그의 아내가 담당해. 밍키는 새벽 다섯 시에 수영장에 가. 거기서 바로 직장에 출근하는지 낮에는 보기가 어려워. 집사가 깨어나는 기척이 들리면 아무리 피곤해도 일어나서 배웅해. 왜냐고? 착하게도 나가고 들어올 때마다 내가 좋아하는 간식을 주거든. 내가 그를 집사라고 정한 이유기도 하지.

그의 아내는 오전 일곱 시가 다 되어서 일어나. 그것도 시계가 울어야 겨우 눈꼽을 떼지. 알림이 울리면 나는 얼른 그녀가 덮고 있는 이불 위에 올라가 꾹꾹이를 해. 골골송(고양이가 기분이 좋거나 편할 때 내는 소리를 노래에 비유하여 이르는 말)도 하면서 말이야. '여긴 내 구역이다.' 자랑하는 거지. 그런데 잠탱이 안주인은 그런 나를 몇 번 쓰다듬어 주는 듯하다가 일어나 버리지. 그리고는 허둥지둥 서둘러 출근 준비를 해. 씻고, 얼굴에 뭘 찍어 바르고, 머리를 말려. 드라이기 소리는 딱 질색이야. 청소기도 마찬가지야. 안주인이 그 물건을 들기만 해도 나는 천리만리 도망가서 숨어.

그녀가 나가네. 간식도 주지 않고 말이야. 그래서 나도 소심한 복수를 해. 저녁에 직장에서 돌아와도 아는 척도 안 해. 마음 약한 안주인이 전원을 끄지 않은 채로 둔 돌침대 위에서 몸을 지지면서도 꼼짝도 않는 거지. 안방에 와서 "에구, 하늘이가 여기 있었네?" 하면서 내 머리를 쓰다듬어도, 나는 눈만 동그랗게 뜨고 쳐다만 봐. 뭐, 속으로 쪼끔 반갑기는 해.

"띠로리로링." 문 여는 소리가 들려. 집사가 퇴근했어. 발자국 소리만 듣고도 나는 알 수 있어. 현관 앞까지 마중을 나가. "야옹야옹" 반기면서. 안주인은 그런 나를 종종 흉보면서 집사와 비교하지만 이건 순전히 내 맘이야. 배 아프면 간식을 좀 주든가.

오늘도 술 마시고 왔나 봐. 으이, 술 냄새. 그런 내 맘도 모르고 집사는 내가 반갑다고 그 큰 손으로 내 등을 여러 번 빗질해. 내가 이뻐서 그러는 거겠지만, 손길이 너무 거칠어. 인간들은 내가 털이 많아서 괜찮다고 생각하겠으나 사실 내 피부는 굉장히 연약하거든. 부드럽게 '밤하늘 송'도 부르면서 쓰다듬는 안주인의 손길과는 확연히 달라. 그래도 그 순간이 지나면 간식을 주니까 조금 아파도 참아.

그런데 편안한 내 생활을 방해하는 존재가 나타났어. 이름은 밤미떼. 이제 겨우 네 살이 되었지. 집사 부부만 살던 이 집에 1년 반 전에 큰딸이 이사 오면서 데리고 온 애야. 입양해서 키우던 암고양이래. 안주인이 '미스코리아 고양이'라고 할 정도로 털 색깔이 고급스럽고 자태도 우아해. 무엇보다 사람들이 좋아하는 푸른 눈이야. 얼룩덜룩 검은색투성이에다 눈도 노란색인 나보다 이쁜 건 나도 인정해.

그런데 그러면 뭐 하냐고? 아무 데나 오줌을 갈기는걸. 그건 정말이지 치명적인 약점이야. 기다리던 큰딸이 늦게 퇴근해서, 놀고 싶은데 같이 놀 사람이 없어서, 간식을 안 줘서 등 이유도 다양해. 장소도 마음 내키는 대로야. 냄새가 얼마나 지독한지 머리가 어질어질해. 그러니 내가 이뻐할 수가 있겠어?

얼마 전엔 이런 일이 있었어. 집사는 다른 식구들보다 일찍 자. 이불을 깔아 두고 텔레비전을 보는 사이, 한쪽에다 미떼가 그만 실례를 한 거야. 뒤늦게 그 사실을 안 집사가 노발대발했어. 빨아도 냄새가 쉽게 가시지 않는 데다, 한두 번 그러다 보면 거길 화장실로 인식하는 게 우리 고양이들 습성이야. 이건 비밀인데, 작은언니가 이번 여름에 대청소하면서 산 지 얼마 되지도 않은 소파를 버렸어. 미떼가 싼 오줌 냄새를 없애려고 아무리 약품을 써도 잘 안 되었나봐. 그러니 집사가 얼마나 화가 났겠어? 안 봐도 비디오지.

집사는 미떼의 주인인 큰언니(큰딸을 나는 이렇게 불러)를 불렀어. 원래 거실에서 큰언니 방에 가려면 긴 베란다를 지나야 해. 그 사이에 우리가 오가는 작은 문이 있는데 미떼가 우리 집에 왔을 때 집사가 친히 커다란 문 일부를 톱으로 잘라서 만들어 준 거야. 그런 은공도 모르고 자꾸만 집사 이불에 실수하는 거야. 벌써 몇 번째인지 몰라.

결국 집사한테 야단을 듬뿍 맞은 큰언니가 테이프로 그 문을 막아 버렸어. 그러면 미떼는, 우리가 있는 거실과 방에 올 수가 없거든. 사람 좋아하는 미떼가, 처음 보는 손님이 와도 숨는 나와는 달리 냄새를 킁킁거릴 만큼 호기심 많은 미떼가 거실로 올 수 없는 건 얼마나 고통이겠어.

그런데 미떼도 보통내기가 아니더라고. 이제는 큰언니가 올 때까지 미리 옷 방에 숨어 있어. 나는 그런 미떼가 너무 얄미워. 걔 발소리가 들리면 문 뒤에 숨어. 내가 그러고 있는 줄도 모르고 걸어오던 미떼가, 나와 눈이 마주치는 순간 바로 공격을 퍼붓는 거지. 꽁지가 빠지게 달아나다가 막다른 길에 이르면 벌러덩 드러누워서 항복을 외쳐. 아주 처량한 눈빛으로 나를 보면서 말이야. 뭐 어쩌겠어? 내가 더 어른이니까 봐줘야지. 난데없이 내 영역에 침범하여 겁 없이 날뛰는 미떼가 밉다가도 이럴 때는 웃음이 나. 한참 노려보다가 점잖게 돌아서곤 해. 내가 웃는 걸 들키면 안 되니까 근엄한 표정을 지으면서 말이야.

이제야 하는 말이지만 사실 미떼가 처음 우리 집에 왔을 때는 좀 무서웠어. 나는 몸무게가 3.8kg인데 미떼는 5.8kg이나 되거든. 그래도 우리 집에서는 내가 왕이라고. 굳이 똥개 이야기까지는 들먹이고 싶지 않구먼. 흠흠! 여긴 어디까지 내 구역이라고. 지난 7년간 그랬고, 앞으로도 그럴 거야. 미떼, 앞으로도 조심해. 밍키네 가족과 나는 오래오래 행복하게 지낼 거라고.

오늘도 나는 도도하게 창문에 앉아 밖을 내다봐. 자동차 지나는 소리가 간간이 낮잠을 방해하지만 이만하면 천국이야. (2023)

3부

아이와 함께 일군 책

우연히 한 아이가 눈에 들어왔다. 어렸을 때 부모가 이혼하고 50대의 아버지와 고등학교 1학년 언니와 산다. 그런데 그 아버지, 허리를 다쳐 일하지 않고 집에서만 있는 지 꽤 되었다. 작년까지만 해도 언니와 함께 방을 썼는데, 올해는 그 언니가 기숙형 고등학교에 진학하여 주말에만 집에 온다.

학교가 끝나면 아이는 혼자 저녁을 먹는다. 자신의 집이 경제 사정이 좋지 않은 걸 너무나 잘 안다. 일찍 철이 든 아이를 바라보는 기분이 마냥 좋지만은 않았다.

글쓰기 부서를 만들면서 전년도 담임에게 글쓰기를 좋아하는 아이 몇 명을 추천받았다. 한 학년에 세 명에서 다섯 명씩 모두 열 명이 넘었다. 올해 목표를 설명하고 전년도에 글공부를 함께하는 선배 교사가 지도하여 만든 학생 작품집을 나눠 주면서 잘해 보자고 약속했으나 손가락 사이에 모래알 빠져나가듯이 하나둘 나갔다. 한 달이 지나자 남은 아이는 달랑 수현이 혼자다.

글은 '치유의 문학'이다. 텔레비전이 일상화되면서 라디오는 사라질 것으로 예상했으나 자동차가 보급되면서 지금도 건재하다. 전자책이 나오자, 종이책의 운명은 다하리라 여겼지만 출판 시장은 일정한 역할을 하고 있다. 아니 오히려 교육 선진국으로 일컫는 핀란드에서는 '다시 책으로'라는 구호를 외치며 아날로그 방식으로 돌아가기를 권하고 있다.

기쁜 일이 있으면 그걸 잊어버리지 않으려고 글을 쓰고, 슬프고 고통스러운 일도 그 힘들었던 시간이 지나고 나면 그 감정을 글로 기록하고 싶어진다. 처음에는 막연하던 것도 막상 쓰기 시작하면 글이 글을 부른다. 처음의 의도와는 전혀 다르게 글이 전개되기도 하고, 막혔던 글도 시간이 지나면 다시 이어질 때가 많다. 쓰는 동안 자신을 돌아보고 다시 일어설 힘을 얻기도 한다. 그러다 보면 어느새 미움도 괴로움도 멀리 사라진 걸 발견한다.

그런데 사람들은 글을 쓰지 않는다. 아니 어려워한다. 성인을 대상으로 글쓰기를 가르치는 이 훈 교수님은 무엇이든 가치로운 것치고 쉬운 건 없다고 말한다. 운동을 처음 배울 때를 생각해 보라. 우리 학교 아이들이 요즘 점심시간마다 즐기는 배드민턴만 해도 처음에는 몇 번 오가지도 않아서 서틀콕이 땅에 떨어져 버린다. 그래도 들인 시간이 쌓이면 실력이 늘고 점차 게임의 참맛을 알아 간다. 그러면 누가 시키지 않아도 급식 시간에 숟가락을 놓자마자 서로 먼저 경기장을 차지하려고 달리게 된다.

책을 읽고 글을 쓰는 것도 그렇다. 머리로만 어렵다고 말하면서 어떻게 하면 잘 쓸까 궁리해 봐야 늘지 않는다. 한 줄이라도 써야 한다. 어제 한 줄이 오늘은 두 줄이 되고, 다음 달엔 열 줄로 쑥 불어난다. 먼 거리도 한 걸음씩 걷다 보면 어느새 도착지에 다다르는 것처럼 글도 그런 작은 걸음이 쌓여서 길어지고, 내용도 풍부해진다.

수현이를 만나고, 지도하면서 나도 즐거웠다. 가르치는 사람의 가장 큰 즐거움이 무엇인가? 바로 제자의 성장을 바라보는 일일 것이다. 1년간 여러 차례 만났다. 글쓰기는 만족감이 크면서도 즐거운 고통이다. 6학년이 자신의 일상을 긴 글로 표현하기는 쉽지 않다.

체험학습이나 수학여행을 가거나, 이런저런 학교 행사가 끝나면 글을 쓰게 했다. 아이는 글쓰기는 물론, 음악과 미술, 체육 등 다방면에 재주가 많았다. 2학기에는 학생회장이 되었다. 교육장과의 대화나 교육청에서 여는 여러 행사에도 되도록 참석할 수 있도록 배려했다. 빚쟁이처럼 만나기만 하면 글을 내놓으라고 닦달하는 내가 아마도 미웠을 것이다.

그런데도 특유의 성실성으로 글쓰기에 도전한 아이가 대견하다. 본인은 의지가 굳지 않아서 공부를 잘하지 못하는 게 고민이라고 했지만, 약속을 잘 지키는 이런 성실성은 아이가 어려움에 빠질 때마다 다시 일어서게 하는 힘이 될 것이다. 아이가 가진 잠재력이 무한하다는 걸 깨우친 귀한 시간이었다. 교직 35년 차지만 한 아이를 가르쳐서 이렇게 책까지 낸 건 처음이라서 아이는 물론, 내게도 특별한 시간이었다.

처음에는 글쓰기 공책을 만들어 거기에 글을 쓰게 했다. 그런데 고치는 데 한계가 있었다. 어차피 책을 만들려면 파일로 저장해야 했기에 컴퓨터로 쓰기를 권했다. 그런데 이게 웬일? 독수리 사촌이 아닌가. 무엇이 가장 편하냐고 물으니 세상에, 휴대폰으로 쓰는 거란다.

역시 요즘 아이다. 그때부터는 엄지손가락 두 개로 글을 써서 보냈다. 글의 차례, 작가 소개, 책을 펴내는 소감까지 예시를 보여 주면서 해 보라고 권했다. 기다렸다는 듯 아이는 그 일을 금방 해냈다. 자신은 소질이 없다고, 못 한다고 버티던 표지 그림까지 약간의 힌트만 주니 뚝딱 10분 만에 색칠까지 마쳤다.

"나처럼 형편이 좋지 않아도 가르칠 수 있는 한 사람만 있어도 성장할 수 있다. 글을 쓰다 보면 조금씩 새로운 희망이 생긴다. 나는 꿈이 없었다. 하지만 이 책을 엮으면서 작가가 되고 싶다는 꿈이 하나 생겼다. 운명의 짝꿍만 있으면 어디든 나아갈 수 있다."

아이가 쓴 '작가의 말' 일부분이다. 올해 바로 내 그 짝꿍이 되었으니 영광이 아닐 수 없다. 수현이는 이제 곧 중학생이 되고, 나 역시 공모 교장 만기라서 내년에는 이 학교를 떠난다. 아이와의 인연이 여기서 끝이라고 생각하지는 않는다. 곁에서 지켜보고 건강한 어른으로 성장하도록 작은 힘이라도 보탤 것이다. 이 아이를 응원하는 어른이 주변에 꽤 있어서 그나마 다행이다.

문해력이 화두다. 그 문해력의 최고봉이지만, 어른도 하기 힘든 게 글쓰기다. 자신의 마음을 가만히 들여다보고, 글로 풀어내는 건 정말이지 쉽지 않다. '내 글을 읽고 사람들이 어떻게 평가할까?'하고

의식하기 시작하면 한 줄도 더 나아가지 못한다. 그런 마음을 딛고 글쓰기에 도전한 수정이를 아낌없이 칭찬한다.

더불어 수현이의 오늘이 있기까지 응원하고 가르쳐 준 4, 5, 6학년 담임 선생님과 아이의 처지에 공감하고, 사랑으로 지켜봐 준 박정미, 박형민 선생님이 고맙다. 한 아이가 성장하는 데는 온 마을이 필요하다는 인디언 속담이 생각나는 밤이다. (2023)

어렵지만 뚜벅뚜벅

올해 우리 학교 자치활동 부서는 모두 여덟 개다. 글쓰기부, 생태환경부, 탄소중립부, 언플러그드부, 건강부, 진로체험부, 에이아이(AI)부, 사진부 등이 그것이다. 3~6학년 학생이 각자의 희망에 따라 세 명에서 여덟 명이 들어가 있다.

내가 맡은 글쓰기부는 세 명뿐이다. 글쓰기가 재미없고, 어렵다는 생각을 많이 하기 때문일 것이다. 맛있는 것을 만들어 먹고 친구들과 운동하는 건강부에 특히 많은 학생이 몰렸다. 먹거나 운동하는 건 아이들이 제일 좋아하는 일. 영양 교사와 스포츠 강사 둘이서 격주로 운영한다. 그나마 그분들이 그렇게라도 묘수를 내서 자칫 담임교사 위주의 단조로운 부서가 될 뻔한 걸 확장시킨 거였다. 사진부는 올해부터 사진작가협회 임원이자, 고흥평생교육관에서 강사로 활동하는 박 선생님이 오셔서 직접 지도한다.

외부 강사가 수업에 들어와서 함께 참여하는 건 드문 일이지만 생각만 조금 바꾸면 아이들의 진로 체험까지 겸할 수 있어서 일석이조다. 어제는 3~4교시에 그 첫 수업이 있었다. 오늘은 학교 주변에 있는 노산 공원에서 수업한다. 그곳은 지금 벚꽃이 한창이다. 꽃은 우리를 기다려 주지 않는다. 1년을 기다린 것에 비해 열흘이 채 안 되는 짧은 기간에 화사하게 피었다가 진다.

그런데 하필 사진부 담당 교감 선생님이 발목을 다쳐 인솔 교사가 없었다. 결국 사진부와 글쓰기부가 함께 수업하기로 하고, 내가 인솔해 학교를 나섰다. 노산 공원은 학교에서 가까운 노동산에 있다. 봄이면 동백과 벚꽃이 아름답게 피어 있어 주민이 많이 찾는다. 둘레길이 잘 만들어져 있는 데다 정상에 오르면 동강과 멀리 남양면까지 한눈에 들어오지만 완만한 오르막이라 연세가 많이 든 어르신들은 찾기 힘든 산이기도 하다.

알록달록 우리 학교는 금방 눈에 띈다. 오래전에는 바다였던 곳에 간척지를 만들어 세운 '죽암 농장'도 보인다. 그곳엔 소를 천 마리 키운다. 하루에 수십 마리 송아지가 태어나지만 그 수를 천 마리로 제한한다는 말을 들었다. 간척지라서 경지 정리가 잘 되었다. 바둑판 같은 논이 반듯반듯하다. 또 남양 저수지와 고흥과 순천을 연결하는 도로가 일직선으로 곧게 놓여 있다. 멀리는 삼각형 모양으로 뾰족 솟은 두방산, 옹기종기 모인 마을과 들이 한눈에 들어온다.

오일장을 지나 공원 입구에 다다르니 벚꽃이 환하게 반겨 준다. 박 선생님이 사진 찍는 법을 짧게 강의한다. 빛을 잘 이용해야 원하는 작품을 얻을 수 있다며 순광과 역광, 측광을 설명해 주셨다. 순광은 해를 바라보고, 역광은 등지고, 그리고 측광은 옆에서 들어오는 빛을 말한다며, 아이들이 이해하기 쉬운 말로 설명한다. 이 시간에 꽃을 찍을 때는 측광이 좋단다. 가만히 서서 찍는 것보다는 움직이는 장면이 자연스럽다며 재미있는 포즈를 요구했다. 모델하기도 힘들다고 한마디씩 투덜거렸다.

이번에는 각기 흩어져서 자신의 휴대폰을 이용해 찍었다. 없는 학생 두 명은 학교에서 미리 개인 탭을 챙겨 왔다. 내 사진 어떠냐고 보여 주면 선생님이 칭찬했다. 칭찬할 거리가 없으면 사진 찍는 폼이나 태도라도 입에 올렸다. 역시 칭찬은 고래도 춤추게 한다. 학생들이 지루해하지 않고 흥겨워해 인솔하는 나도 좋았다.

오르는 데는 숨이 찼으나 화사한 벚꽃이 길 양쪽을 환하게 밝혀서 걷는 맛이 났다. 다른 해보다 열흘가량 빠르다더니 바람에 날리지도 않고 나무에 딱 붙어 있다. 절정이다. 계단에 핀 벚꽃을 배경으로 또 단체 사진을 찍었다. 전문가용과 휴대폰 카메라를 번갈아 가며 사진 찍는 박 선생님이 멋져 보였다. 광고나 드라마를 찍는 배우들은 어떻게 그리 여러 번 지치지 않고 할 수 있는지 놀랍다.

동아리 첫 시간 글감은 오늘 공원 다녀온 이야기를 써 보자고 했다. 어떤 글이 나올지 기대된다. 처음이라 분명 아이들이 많이 어려워할 것이다. 그러나 첫술에 배부르랴? 생각해 쓰다 보면 조금씩 자기도 모르게 점차 나아질 것이다. 일기처럼 편안하게 쓰다 보면 점차 나아질 것이다. 기어 다니던 아이가 걸음을 떼어 걷기까지는 수천 번 넘어져야 가능하다고 한다.

글쓰기도 마찬가지가 아닐까? 간단한 일기라도 여러 번 끄적이다 보면 점차 나아질 것이다. 어렵지만 뚜벅뚜벅. 평범한 진리를 다시 되새긴다.

신의 한 수

중간 놀이 시간에 청백 이어달리기 연습 경기가 있었다. 유치원은 운동장의 4분의 1, 초등학생은 2분의 1을 돈다. 전교생이 다 참여하기에 시간이 많이 걸리지만 아이들이 가장 재밌어하는 운동회의 단골 종목이다. 백군과 청군이 엎치락뒤치락 반전을 거듭하다가 청군의 승리로 끝났다.

그런데 함께 구경하던 교감 선생님이 날짜를 하루 앞당기면 어떻겠냐고 묻는다. 당장 내일 하자는 건데 그게 가능할까, 괜히 선생님들 힘들게 하는 게 아닐까 걱정되었지만 원한다면 무조건 따르겠다고 말했다. 결국 운동회는 하루가 당겨졌다. 다른 학교처럼 외부 업체를 불렀다면 그럴 수 없었을 것이다.

언제부턴가 100명 이하의 소규모 초등학교 운동회는 이벤트 업체에 많은 돈을 주고 위탁하는 행사가 되었다. 알록달록 화려한 놀이기구에, 매끄러운 말솜씨를 자랑하는 사회자가 등장한다. 천장까지 닿을 것처럼 키가 큰 스피커에서 흥겨운 음악이 빵빵 터진다.

가만히 앉아 있어도 엉덩이가 들썩거린다. 게임이 시작되면 이벤트 업체 직원이 알아서 아이를 인솔하여 팀을 나누고, 줄을 세운다. 그 틈에 다른 직원이 준비물도 척척 정해진 자리에 가져다 놓는다. 경기 진행하는 사이사이 흥을 돋우는 경품 추천과 선물 공세도 이어지니 아이들의 눈빛이 반짝거린다.

한 달 전부터 계획을 세워 운동회 종목을 고르고, 순서를 정한다. 창고를 뒤져 쓸 만한 놀이 기구를 챙기고, 사야 할 것을 품의한다. 또 며칠 전부터 중간놀이 시간이나 체육 시간에 입·퇴장 훈련과 학년별로 이어지는 경기를 사전에 연습한다. 그 모든 수고가 이벤트 업체를 부르면 한 방에 해결된다. 교사는 아이들 관리만 하면 되니 예전보다 일감이 줄었다. 교사 처지에서는 이보다 좋을 수가 없다.

14학급, 면 단위 학교로 초임 발령을 받았다. 두 달 만에 운동회가 열렸다. 내가 담임하는 4학년은 세 반이다. 그런데 막내인 내게 무용을 하나 만들어 내란다. 이미 경력자인 두 분의 선생님이 모범을 보이면 좀 좋으랴. 아직 똥인지 된장인지 구별로 못하는 신규, 햇병아리한테 만들어 내라는 명령이 떨어졌다. 지금처럼 너튜브가 있었다면 얼마나 편했을까. 춤과는 멀고도 먼 몸친데 어쩌나.

선배의 도움을 받아 부랴부랴 안무를 짜고 수업 시간을 빼서 아이들을 지도했다. 강당이 없었기에 운동장 구령대 위에서 마이크를 잡았다. 잘 따라오지 않는 아이를 상대로 고래고래 고함을 질렀다. 운동장을 쓸 수 있는 시간도 학년별로 정해졌다.

여러 날 연습하여 운동회 당일, 학부모들 앞에서 공개했다. 그동안 고생한 보람도 없이 순식간에 끝났다. 허무했다. 무용은 그래도 나았다. 고학년은 기마전과 부채춤, 또 다른 학년은 곤봉이나 깃발, 홀라후프 등을 이용한 매스 게임이나 농악놀이, 강강술래를 하기도 했다. 이리 뛰고 저리 뛰는 아이 뒤에서 흙먼지도 덩달아 풀썩였다. 공연 시간은 5분이 채 안 걸리지만 수업 시간은 엄청나게 침해를 받았다. 그 시절엔 그게 당연했다.

20여 년 전, 섬에 근무할 때였다. 운동장 가장자리에 마을별로 천막을 쳤다. 일곱 개 자연부락에서 각자 음식을 해 오고, 농악단도 꾸려서 공연했다. 학부모와 마을 주민이 자연스럽게 어우러졌다. 운동회의 마지막은 마라톤이 장식했다. 학교에서 배가 닿는 부두까지 왕복으로 다녀오는 거였다. 각 마을의 명예를 짊어진 청년들이 선수로 나섰다. 우승자에게는 20kg 쌀 한 포대가 내걸렸다. 운동회는 마을의 잔치였다. 그 시절이 아득하다.

보여 주기식 운동회가 언제부턴가 마당놀이로 바뀌었다. 학년별로 대여섯 개의 정해진 놀이를 반별로 돌았다. 아이들이 운동장 가운데서 노는 동안 이번에는 지켜보는 어른이 심심해했다. 분명 어릴 때는 힘들어했을 텐데 먼지구름 일으키며 운동장을 휘젓던 자신의 어린 시절을 그리워하면서 무슨 운동회가 이리 심심하고 맥 빠지냐고 항의했다. 아이들도 생각만큼 재밌어하지 않고, 부서별로 놀이기구를 따로 챙기고 경기를 진행하면서 점수까지 적어야 하는 선생님의 할 일도 만만치 않았다.

큰 학교에서는 운동장은 하나요, 학생 수는 많다 보니 기껏 한두 종목 참여하고 그늘에 앉아서 쉴 때가 더 많았다. 물 마시러 가고 싶다, 화장실 갔다 온다, 저기서 엄마와 할머니가 기다리니 갔다 오겠다. 이유도 핑계도 많아 자꾸만 빠져나가려고 하는 아이들 관리하기가 더 힘이 들었다. 그나마 응원석이라도 있으면 다행, 땡볕에 돗자리를 깔아 두었기에 아이들이 움직일 때마다 먼저가 풀썩거렸다.

우리 학교는 코로나 이전에는 이벤트 업체를 불러서 운동회를 했다. 코로나 시대 2년은 그조차 하지 못했고, 작년엔 약식으로 했다. 올해는 막혔던 물꼬가 트이듯, 동문회나 동창회는 물론 지역 축제도 앞다투어 열리고 있다. 학교도 마찬가지다. 모든 교육 활동을 코로나 이전처럼 운영한다. 그런데 진행 업체를 알아보니 우리가 계획했던 날에 올 수도 없을뿐더러 그 금액이 무려 220만 원이란다.

하루 종일도 아니고 오전 세 시간, 그것도 국민의례, 모범 어린이 표창, 국민체조 등을 빼고 나면 실제로는 두 시간 반쯤에 불과한데도 그렇게 비싸단다. 다른 업체도 마찬가지였다. 결국 날짜를 옮겨야 할 판이었다. 업체 사정에 따라 학교 행사가 좌지우지되는 형편이다. 어찌나 경쟁이 치열한지 1년 전에 예약해야 원하는 날에 올 수 있다니, 놀랍기만 하다.

예전과 달리 외부 강사가 다양한 명목으로 수업 시간에 굉장히 많이 들어온다. 숲 체험, 민주 시민 교육, 인성 키움 교육, 학교 폭력 예방 교육, 성교육 등 그 영역도 다양하다. 최근에는 마을 학교 교사까지 생겼다. 바야흐로 누구라도 가르칠 수 있는 시대가 된 것이다.

한 명의 교사가 여러 교과목을 가르치는 초등학교에서 교사 한 명이 전 영역에 전문성을 발휘하기는 힘들다. 외부 강사를 불러서라도 깊이 있는 수업이 이루어질 수 있다면 효과적이다. 그러나 해야 하고, 할 수 있는 일조차 단지 편하다는 이유로 영역을 조금씩 내주다 보면 교사의 설 자리가 점점 줄어드는 건 자명한 사실이다.

운동회도 그렇다. 별다른 고민 없이 예년에 그래 왔으니까 당연하게 외부 업체를 부르는 건 문제이다. 학교 행사도 엄연히 교육의 영역이다. 신체 활동을 하면서 친구와 어울리고, 정정당당하게 승부를 겨뤄 승자에게 박수를 치는 과정을 거치면서 우정과 협동, 배려심을 배운다. 그런 귀한 경험을 할 기회를 우리 스스로 날려 버리지는 않는지 구성원이 머리를 맞대고 한 번 더 고민해야 한다.

협의 끝에 우리 학교는 오래전에 그랬던 것처럼 우리끼리 힘을 모았다. 계획 단계부터 함께 했기에 당일에는 교사의 자발성이 특히 돋보였다. 네 일, 내 일이 없이 서로 돕는 모습이 아름다웠다.

세워 둔 예산으로 청군과 백군에 어울리게 색깔을 달리한 질 좋은 티셔츠와 맛난 간식을 전교생에게 선물했다. 끝나고 난 뒤의 보람과 성취감도 컸다. 몸은 조금 힘들었지만 수업 침해도 이벤트 업체 배 불리는 일도 없이 끝났다.

이튿날에는 전국에 단비가 내렸다. 봄내 찔끔거려서 해갈에 도움이 안 되던 비가 아니라, 여름 장맛비처럼 몽땅 쏟아졌다. 날짜 옮긴 게 '신의 한 수'였다.

학교 앞 문구사

우리 학교 정문에는 문구사가 있다. 꽤 오랫동안 'OO 문구사'였다. 이름이 쓰여야 할 자리에 받침 하나밖에 남지 않았지만, 그 흔적으로 미루어 그곳이 '영창 문구사'였다는 걸 알 수 있다. 들어가는 문 오른쪽에는 돈을 넣어 돌리면 작은 장난감이나 먹을 것이 나오는 뽑기 기계가 대여섯 개 쌓여 있다. 작동이 되는 건 그나마 몇 개 되지 않는다. 출입문을 제외하고는 색이 바랜 커튼이 처져 있어 아직도 영업하는 곳인지 의심이 갈 정도다.

바람은 차지만, 하늘이 유난히 파란 날 그곳에 들렀다. 지난 4년간 오가면서 우리 아이들이 여전히 이용하는 곳이라는 걸 알고는 있었지만 들어가기는 처음이다. 재작년과 작년 이맘때는 소금에 절인 배추가 담긴 빨간 고무통이 차가 다니는 길가에 나와 있었다. 간혹 문구사에서 군것질하다 학교 버스 하교 시간에 맞춰 부산하게 달려오는 아이도 여러 번 보았다.

문을 밀고 들어서자 음악 소리가 먼저 반긴다. 들고날 때마다 소리가 나게 해 놓은 모양이다. 가게와 잇닿아 있는 방에서 연세가 지

굿한, 허리도 구부정한 안주인이 나왔다. 사각 철제 선반이 3면에 둘러 있고, 한쪽 면은 이 집의 살림살이가 들어서 있다. 또 한쪽엔 실내화 몇 컬레가, 남은 면엔 성냥이나 편지 봉투 등의 문구류와 생활용품이 먼지를 뒤집어쓰고 있다.

낮고 넓게 펼쳐진 가운데에 있는 진열대만이 이곳이 영업 중인 가게라는 걸 알려 주는 듯하다. 쫀드기, 아폴로(색색의 얇고 긴 대롱 모양으로 딸기, 사과, 파인애플 등의 맛이 나며 어렸을 때 나도 자주 먹은 과자), 쌀과자와 초콜릿, 뿌셔뿌셔 같은 스낵류 과자가 아이들을 기다리고 있다. 커다란 빨간 저금통 몇 개가 천장에 매달려 대롱거린다.

과자 몇 가지를 사서 계산하니 낯선 얼굴이어선지 어디서 왔느냐고 조심스럽게 묻는다. 신분을 밝히자, 쑥스러워하면서도 반긴다. 아마도 심심했던 모양이다. 플라스틱 의자에 앉아서 이런저런 이야기를 나눴다.

올해로 문구사를 연 지 35년이 되었다. 한때는 학교 주변에 세 개나 있어 서로 경쟁하던 시절도 있었는데 이제는 다 사라지고 유일하게 남았단다. 돈은 하나도 벌지 못하지만 오래도록 해 온 일이라 접을 수가 없단다. 가끔씩 경로당에 들르기도 하지만 늘 가던 사람이 아니라 우두커니 앉았다 온다고도 했다.

남편과 단둘이 살다가, 그마저 2년 전에 떠나고 이제는 혼자 살림을 꾸려 간다. 세 아들은 서울과 광주, 순천에 흩어져 살기에 식사도 혼자서 대강 해치운다. 작년까지는 김장이라도 해서 서울에서 초등학교 교장으로 있다가 올 2월 퇴직한 여동생과 아들네 집에도 보냈는데 올해부터는 허리가 아파 그조차 힘들겠단다.

종종 용돈을 보내 주는 여동생에게 뭐라도 주고 싶어서 그녀가 좋아하는 호박 고구마를 심고, 택시를 타고 다니면서 풀도 맸는데 며칠이 지나서 가 보니 호박 줄기가 말라서 죽어 버렸더란다. 올해 봄 가뭄이 심해서 살릴 재간이 없었다며 안타까워했다. 농사는 물론 용접, 보일러와 자전거 수리 등 안 해 본 일이 없는 남편이 고생만 하다가 떠난 게 안쓰럽고 딱하다며 눈물짓는다.

문구사는 올림픽이 열리던 1988년에 처음 열었다. 한때는 장사가 잘되어서 요일을 달리하여 물건을 대 주는 차가 1주일에 두 번이나 왔다. 이제는 드문드문 올뿐더러 내리는 물건도 많지 않다. 왜 안 그렇겠는가? 우리 학교만 해도 1967년 1,700여 명이 다녔으나, 이제는 겨우 62명만이 남았을 뿐이다. 게다가 학습 준비물이나 청소 용품은 모두 학교에서 준비해 주니 문전성시를 이루던 학교 앞 문구사가 사라지는 건 당연한 수순이다.

초등학생 1인당 연간 학습 준비물 구입비는 32,000원이다. 미술 준비물인 도화지나 물감, 크레파스, 파스텔, 풀, 가위 등 그 학년에서 필요한 물건을 학기 초에 아이들 수만큼 사서 교실 자료대에 쌓아 두고 쓴다. 시골 학교는 연필 한 자루, 공책 한 권까지 챙겨 주는 판이니 문구사는 군것질거리나 사러 가는 곳이 되고 말았다.

걸레, 빗자루, 쓰레받기, 밀걸레 등의 청소 용구도 예전에는 다 가정의 도움을 받았으나, 이제는 옛일이 되었다. 그러다 보니 학년이 끝나면 쓸 만한 도구가 여기저기 뒹굴고, 심지어는 버려져 있는 것도 자주 본다. 아이들은 잃어버린 연필을 더 이상 찾지 않는다. 언제라도 쓸 수 있는 새 연필이 그득하니까. 그럴 때를 대비하여 연필 끝을 칼로 조금 잘라 일일이 이름을 써 주던 때도 분명 있었는데. 나라가 그만큼 부강해졌다는 증거겠지만 그런 걸 팔아서 먹고사는 문구사는 문을 닫을 수밖에 없다.

사라지는 것이 문구사뿐이랴. 동네 빵집이 대기업 프랜차이즈 업체, 슈퍼마켓이 편의점이나 식자재마트, 비디오테이프가 시디(CD)나 이동식 저장 장치에 자리를 내주고 있다. 시대의 변화에 발맞추는 건 아이가 자라서 어른이 되는 것만큼이나 자연스러운 일이지만, 그 안에 담긴 추억까지 사라지는 듯해 한편으론 쓸쓸하다. 노인보다는 아이 웃음에 마음이 끌린다. 큰 개보다는 강아지한테 쉽게 손을 내민다. 구도심은 공동화 현상이 일어나고, 신도심의 네온사인은 꺼질 줄을 모른다. 낡고 삭았으나 오래된 것의 가치는 새것 앞에 무력하다.

며칠 전에 간판이 바뀐 걸 보았다. 기존에 남아 있는 글씨와 색깔부터 달랐다. 새 간판이 아니라 비어 있던 자리에 빠진 글자와 숫자만 채워 넣은 것이다. 그 골목의 예식장, 주산 학원처럼 이름으로만 남지 않기를, 하루에 몇 명밖에 찾지 않을지언정 오래오래 문이 열리기를, 무엇보다 일흔일곱의 그녀가 건강하기를 빌면서 문구사를 나섰다.

느린 학습자 가르치기

3월에 학교를 옮겼다. 작년보다 학생이 700명이 늘었다. 아파트에 둘러싸인 데다 포스코 배후 도시라서 직장인 자녀가 많다. 아이들의 학습 능력이 높고, 학부모도 교육에 관심이 많다고 소문난 곳이다. 그 말을 입증이라도 하듯 학교 인근에는 다양한 사교육 학원이 포진해 있다.

지금껏 해 오던 대로 느린 학습자를 선정해 오전 수업이 시작되기 전 가르치려고 읽기 능력이 뒤진 아이를 추천해 달라고 담임에게 요청했다. 그런데 기대와는 달리 3월이 다 가도록 대상자를 구할 수 없었다.

그럴 리가, 기존의 경험으로 보아 없는 학교는 없다. 담임의 관찰력이 부족하거나, 읽기 능력을 단순히 글자를 못 읽는 것으로 한정하는 바람에 미처 찾지 못했을 확률이 크다. 읽기 부진아는 글자를 못 읽는 걸 넘어서 제 학년의 교과서를 아주 느리게 읽거나 이해하지 못하는 아이를 다 포함한다.

1, 2학년 담임에게 개인적으로도 부탁했지만 마찬가지였다. 입학

한 지 얼마 안 된 1학년에 한두 명 있으나 완전한 까막눈은 아니라서 담임 수준에서 가르칠 수 있다는 답변이 돌아왔다. 그래, 아직은 선생님이 아이의 특성을 제대로 파악하지 못해서 그럴 거야. 느긋하게 기다렸다. 학교를 옮긴 터라 정신없이 바쁘게 3월이 갔다.

드디어 4월 하순에야 아이를 만났다. 바로 2학년 산하(가명)이다. 읽기와 관련된 몇 가지 진단 검사를 실시했다. 결과는 놀라웠다. 자음과 모음의 소릿값도 정확하게 알지 못했으며, 받침이 없는 비단어의 오류율은 50%가 넘었다. 받침이 있는 낱말은 정확도가 20%에 불과했다. 유창성은 더 심각했다. 1분 30초 안에 읽어야 할 100어절의 글을 3분 12초에 걸려 겨우 읽었다. 그나마 정확도가 49%밖에 되지 않았다. 반은 추측해서 읽은 셈이다.

인간의 뇌는 한계가 있어서 읽어 내는 데 에너지의 대부분을 써 버리면 내용을 이해하는 데 쓸 힘이 남지 않는다. 음가에 맞게 정확하게 읽고, 적당한 구절에서 띄어 읽기가 자동화되어야 내용을 잘 이해할 수 있다. 한 글자씩 또박또박 정확하게 읽는 것이 읽기 교육의 끝이 아니라 유창하고 매끄럽게, 그리고 빠르게 글을 읽을 수 있도록 반복해 연습하는 훈련이 교실에서도 이어져야 한다.

불행히도 우리나라는 체계적인 유창성 연구가 이뤄지지 않아 학년에 맞는 기준조차 없다. 게다가 요즘 교과서는 지문이 너무 길다. 교과서의 글조차 제대로 읽지 못하는 아이가 책을 통째로 읽는 '온작품 읽기'를 제대로 할 수 있는지는 의문이다.

출근해 전기 주전자에 물을 올리자마자 아이가 들어선다. 어떤 때는 나보다 먼저 와서 기다리기도 한다. 느린 학습자 가르치는 방법을 체계적으로 배워 아이를 일대일로 지도한 지 10년이 됐다. 그동안 '한국 난독증 협회'에서 시행하는 기본, 심화 연수를 거쳐, 전문가 과정까지 이수했다. 1년간 100회 이상 아이를 지도하고, 그 결과를 『읽기 자신감』 시리즈를 쓴 정재석과 『찬찬한글』을 만든 김중훈 선생님 앞에서 발표하고, 통과해야 얻을 수 있는 자격증도 땄다.

산하는 부모의 이혼으로 아빠, 5학년인 누나, 조부모와 산다. 60대 초반의 젊은 할머니와 할아버지가 주로 돌본다. 콧날도 날카롭고 눈썹도 길어서 한눈에 보기에도 잘생긴 얼굴이다. 그런데 공부에는 별 흥미가 없고, 집중력이 짧다. 걸핏하면 수업과 전혀 상관없는 질문을 해댄다.

이중모음을 배울 때는 어려웠는지 더 그랬다. 아이 수준에 맞추자고 다짐해도 한 번씩 화가 났다. 교실로 가라고 쫓으면 그때는 또 머리를 흔들면서 "싫어요." 한다. 서로 조금씩 맞춰 온 게 벌써 5개월이 되고 보니 이제는 자세가 제법 잡혔다. 과제를 봐주어야 하기에 할머니와도 소통하며 도움을 청했다.

그때부터는 시간을 어기는 일도 거의 없고, 과제도 성실하게 해오며, 방학 중에도 정해진 날에 학교에 왔다. 주의집중 시간이 짧고, 산만하던 아이였는데 조금씩 달라졌다. 2학기가 시작되자, 공부에는 통 관심이 없던 아이가 자발적으로 과제를 하고, 글자도 잘 쓰게 됐다며 할머니가 고맙다는 인사를 전했다. 나 역시 조금씩 나아지는 걸 보는 기쁨이 컸다.

아이는 들어오자마자 '지금은 수업 중입니다'라고 적힌 팻말을 찾아 문에다 건다. 어제 배운 내용을 두 번 읽는 것으로 수업을 시작한다. 과제로 써 온 것에서 열 문제를 뽑아 받아쓰기 시험을 본다. 가장 어려운 받침 /ㄷ/가족을 배울 때는 40~50점을 벗어나기 어려웠는데 요즘은 거의 80점 이상을 맞는다. 'ㄷ, ㅌ, ㅎ, ㅅ, ㅆ, ㅈ, ㅊ'은 발음상으로는 모두 /은/ 소리가 난다.

어른도 어려워하는 이 소리는 빈구석이 생기지 않도록 공을 많이 들였다. 여러 날에 걸쳐 진도를 조금씩 나가면서 촘촘하게 가르쳤지만 아이는 자꾸 잊어버렸다. 날마다 꾸준히, 반복 연습만이 답이다. 스스로 채점하면서 무엇이 틀렸는지 확인하고, 그걸 다시 세 번 쓰도록 안내한다.

다음은 음운 인식을 훈련한다. 즉 말소리를 구별하는 능력을 키우는 연습법이다. 보기의 낱말과 같은 받침소리를 세 개의 보기 중에서 찾는 활동이다. 말소리를 나누고 합성하는 것에 익숙하지 않으면 하기 어렵다. 글자 수 세기부터, 음절 수준 음운 인식 훈련을 거쳐 음소 수준까지 왔다. 글자를 처음 배우는 아이에게 아주 유용한 훈련이지만 오래 하기는 어렵다. 길어야 10분을 넘기지 않아야 한다.

한글을 배우는 데 어려움을 느끼는 아이들을 자세히 들여다보면 음운을 제대로 인식하지 못한다. 특히 다문화 가정 아이들이 '모어 간섭'으로 엄마의 발음이 정확하지 않아서 더 그런다. 보통 아이들은 이 단계를 굳이 거치지 않아도 글자를 배우면서 저절로 터득한다. 그러나 지적 장애, 경계선 지능, 가정 환경 결손, 엄마의 모어 간섭 등으로 구멍이 생기면 산하처럼 별도의 훈련을 거쳐야 쉽고, 빠르게 한글을 익힐 수 있다.

이번에는 받침 /ㅁ/을 익힌다. 위아래 입술이 딱 붙고, 소리를 이어서 발음할 수 있으며 목구멍에 손을 대면 울리는 유성음이라는 건 진즉 배웠다. 여기서는 그 소리가 들어간 낱말을 찾아서 읽는다. 나를 따라서 두 번, 아이 스스로 세 번을 읽는다.

'지게'나 '쑥바귀'처럼 모르는 어휘가 나오면 휴대폰으로 검색해 그림을 보면서 설명한다. 여기까지 하면 공부가 끝난다. 공부한 낱말을 두 번 써오는 것이 과제다. 즉 배운 내용 복습하면서 받아쓰기, 음운 인식 훈련, 해독 연습, 과제 제시 순으로 35분 동안 수업이 진행되는 것이다.

교장은 교육자라기보다는 행정가에 가깝다. 하루 종일 컴퓨터 화면을 들여다보거나 학사나 행정에 관계된 여러 일을 협의하며 하루를 보내기에 직접 아이들과 대면할 기회는 거의 없다. 산하를 가르치는 이 짧은 30여 분이 그나마 내 본업이 무엇인지를 느끼게 해 준다. 그러니 귀한 시간이 아닐 수 없다. 느리지만 조금씩 발전해 나가는 걸 보면 기쁘기 짝이 없다. '그전에는 뭘 쓰려고 했는지 도무지 감이 잡히지 않았는데, 이제는 비록 받침은 틀리지만 무슨 말을 하고 싶은지는 알 것 같다'는 담임의 이야기에 힘이 난다.

요즘 이 아이의 관심사는 내 나이다. "선생님 나이가 몇 살이에요?" 몇 번을 물어도 빙빙 돌리고 대답하지 않았더니 어제는 나름 묘수를 썼다고 생각했는지 눈빛을 반짝이며 이런다.

"선생님, 그럼 작년에는 몇 살이었어요?"

고놈, 참 귀엽기도 하지. (2024)

감태 오란다

사흘간 출장 다녀오느라고 학교를 비웠다. 오랜만에 출근하니 책상 위에 우편물이 수북하다. 택배 상자도 하나 보인다. 받는 이는 나인데, 보내는 이엔 물건을 보낸 회사 이름이 적혀 있다. 뜯고 보니 직육면체 오란다에 얇게 감태를 붙인 '감태 오란다'다. 누가 보냈지? 상자 이곳저곳을 둘러보니 승진을 축하한다는 문구가 있다. 아니 승진한 지 4년이나 되었는데 이제야? 궁금증이 더해 간다. 또 살피니, 다른 면에 작은 글씨로 김살구(가명) 님의 선물이라는 글씨가 보인다.

그 이름으로 저장된 사람은 두 명이다. 그런데 이상하다. 둘 다 내게 선물을 보낼 만큼 가깝지가 않다. 보낸 회사에 전화를 걸었는데 받지 않았다. '혹시' 하는 마음으로 조금 더 가능성이 높은 사람을 찾았다. 이런, 전화기가 꺼져 있다. 이번에는 톡을 보냈다. 사흘이 지났는데 여전히 1로 표시되어 있다. 에라 모르겠다. 주말에 친구들과 먹으려고 포장을 뜯어 몇 개 챙겼다.

김살구, 그녀는 내가 교감 3년 차일 때 만났다. 도통 학교에 적응

하지 못했다. 딴 세상에 사는 듯 먼 하늘만 바라보기 일쑤였다. 2학년 체험학습이 있었다. 예순 명이 넘는 아이들이 인도도 없는 길을 꽤 오래 걸어야 해서 뒤처지는 아이를 채근하면서 따라갔다. 목적지에 다다랐다. 계단을 내려가서 아치형 홍교를 올려다보며 설명을 듣고, 다시 위에 있는 정자에서 간식을 먹으며 쉬었다. 그런데 김살구 선생님 반 아이가 돌로 쌓은 축대 위를 조심조심 걷는 것이었다. 소문난 개구쟁이라서 나도 이름까지 알던 녀석이다. 이쪽에서 보면 아이들이 쉽게 오를 정도로 낮지만 반대쪽엔 3m는 족히 되어 보이는 맨땅이라 떨어지면 크게 다칠 터였다. 한 녀석이 그러니 그래도 되는 양 남자아이 몇이 뒤따랐다.

멀리서 그 장면을 지켜보는 순간, 머리카락이 쭈뼛거렸다. 소리를 지를 수도 없었다. 행여 고함 소리에 놀라면 더 낭패다. 담임이 어딨는지 살폈다. 그런데 그녀도 그 아이들에게 시선이 가 있었다. 아무런 제재도 가하지 않은 채 평소처럼 무심한 눈길로 쳐다보고 있었다. 얼른 곁으로 가서 귓속말로 말을 건넸더니 그제야 한마디 했다. "야, 얼른 내려와." 목소리도 조용조용, 말투도 느릿느릿, 평소 그대로다. 다급한 건 나 혼자다.

그녀는 매사가 그런 식이다. 뭘 해도 시큰둥하다. 나도 그만한 딸을 키우기에 어떻게든 교직에 적응하게 도와주고 싶었다. 이듬해에도 업무는 거의 없다시피 했고, 그녀를 잘 챙겨 주기를 따로 부탁하여 동학년을 구성했다. 간혹 복도를 지나다 보면 1반과 3반은 아이들이 있는지도 모를 정도로 절간인데, 그 가운데 낀 2반은 시장터가 따로 없다. '담임 선생님이 안 계시나?' 하고 교실을 기웃거려 보면, 김살구 그녀는 팔짱 끼고 창밖만 하염없이 바라보고 있더라. 아이들이 책상을 건너다니며 장난을 칠 정도로 시끄러워도 무심하게.

어쩌다 전 교직원이 다 모이는 회식 날이 되어도 그녀만 안 올 때가 많았다. 나중에 부근 찻집에서 혼자 우아하게 차 마시고 있더라. 스스로 외톨이가 되는 이런 사람을 '스따(스스로 왕따)'라고 하던가.

그런데 학기 말이 되자, 이제는 아예 교단을 떠나고 싶다면서 사표를 쓴다고 찾아왔다. 어렵게 선 자린데, 부모님은 딸의 결단을 알고 계시려나? 다른 지역의 중등 교사로 근무하는 엄마와 통화했다. 야단치고, 말리는 데도 지쳤다며 이제는 원하는 대로 해 달라고 그녀는 말했다.

방학을 마치고 출근했더니 그 사표가 교육청까지 갔다 반려되어 있었다. 오지랖이 태평양급인 교무가 극구 말렸단다. 결국 학교 만기인 교무, 건강이 나빠져 조금 더 작은 학교로 옮겨야 하는 내가 김살구, 그녀까지 달고 같은 학교로 옮겼다. 사정 아는 사람이 책임지고 보살피라는 교장 선생님의 엄명을 받고서 말이다. 미리 새 학교 관리자를 만나서 사정을 설명했다. 선생님들의 도움으로 어찌어찌 1년을 보냈다. 그녀는 우여곡절 끝에 다시 선 교단이어선지 작년보다는 훨씬 편하고 밝아 보였다.

그런데 학기 말이 되니, 또 병이 도졌다. 사표를 써 주란다. 그러면서 하는 말이 가관이다. 올해처럼 교과 전담 교사를 하면 그대로 있고, 5학년 담임을 맡게 되면 교단을 떠나겠단다. 작은 학교이다 보니 학년과 업무 분장을 교사들끼리 서로 협의하여 자율로 정한다. 올해 특혜를 받은 데다, 나이가 가장 어리니 고학년으로 배정한 모양이다. 1학기 마치고 육아 휴직 예정인 선생님이 그녀가 희망했던 교담 교사를 선점한 것이다. 무슨 이런 선생님이 다 있지? 아니 여섯 명 아이의 담임도 못 한다면 어디 가서 아이를 가르친단 말인가.

결국 그녀는 사표를 쓰고 전남 교단을 떠났다. 내가 없는 사이 교무가 다시 그녀를 설득하며 말렸다. 냉정해 보이지만, 지금 떠나는 게 그녀가 만나게 될 아이들에게 죄짓지 않는 거라고 교무에게 말했다. 멀리서 보면 그냥 흘러가는 것처럼 보이지만 아이의 1년이 얼마나 소중하고 중요한지 교사는 안다. 교사의 열정은 어느 날 문득 생기는 게 아니다. 내 아이를 맡기기에도 불안한, 교단 부적응 교사는 한 살이라도 젊었을 때 다른 직업을 찾는 게 서로에게 이득이다. 그녀의 톡에는 별이 많이 보이는 시골 하늘과 불빛이 반짝이는 도시를 비교해 놓은 사진이 올라왔다. 도시를 꿈꾸는 그녀에게 전남은 몸에 맞지 않는 옷일 뿐이다.

몇 년이 지나 그녀의 소식이 바람결에 들렸다. 바람과는 달리 강원도에 근무한다고 했다. 돌고 돌아 다시 제자리다. 공부한 게 뜻대로 되지 않은 것일까, 이제는 교단에 무사히 적응했을까. 두 학교에 걸친 인연 탓인지 그녀의 근황이 내심 궁금했지만 연락하지는 않았다.

감태 오란다는 촉촉하고 달콤했다. (2023)

공황장애와 폭탄

　오랜만에 '미운 오리'가 만났다. 한 학교에 근무한 인연으로 만들어져 무려 29년을 이어 온 모임이다. 일곱 명 완전체로 모이는 줄 알았는데 미경이가 빠진 걸 가서야 알았다. 3주 후로 잡힌 자녀의 첫 혼사 때문이다.

　행여 혼주석에 앉지 못할까 봐 미리부터 사람 많은 데는 피해야 하는 것도 코로나 시대의 결혼 예법이다. 방학에나 숙박 여행을 했는데 학기 중에 약속을 정한 건 처음이다. 금요일 저녁에 만나 가까운 휴양림에서 1박을 하기로 했다.

　그런데 차를 마시고서는 또 한 명이 일어선다. 웬만해서는 빠지지 않는 사람이라서 의아했다. 언니는 사는 곳은 광주, 근무지는 전남 동부 지역이라서 하루에 네 시간을 버스에서 보낸다. 새벽 여섯 시 20분에 집 앞에서 버스를 타면 주암 휴게소에 일곱 시 15분에 도착한다.

　순천과 광양 방면으로 근무지에 따라 다시 차를 바꿔 타면 여덟 시 30분에 학교에 도착한다. 광주에서 순천이나 광양으로 출퇴근하는 직장인을 위해 마련된 전세 버스인 셈이다. 퇴근 시간에는 도로 정체로 그보다 더 걸린다. 그러기를 6년째 하고 있다. 한때 교환 교사로 광주의 초등학교에서도 4년을 근무했다.

출퇴근 시간은 줄었으나 아는 이 없고 젊은 교사가 태반이라 외로웠단다. 다시 전남으로 복귀해 3년째 근무 중이다. 광주에 근무할 때도 모임 날짜가 정해지면 조퇴를 내고 일찌감치 내려와서 친정엄마도 찾아보고, 시간보다 일찍 약속 장소로 오곤 했다. 그런 열정이 있는 사람이 밤 아홉 시 버스로 다시 광주로 간다고 했다.

언니는 공황 장애를 겪고 있었다. 공황 장애. 표준국어대사전에는 '뚜렷한 근거나 이유 없이 갑자기 심한 불안과 공포를 느끼는 공황 발작이 되풀이해서 일어나는 병'으로 풀이되어 있다. 잘나가는 엠비씨(MBC) 예능 프로그램 '무한도전'에서 정형돈 씨도 그 병으로 중도 하차했고, 김구라, 이병헌, 이경규, 김장훈 등 연예인이 주로 걸리는 병이라고 알고 있었다. 주변에서 그 병으로 고통받는 사람을 본 적은 없었는데 언니는 지난 1학기부터 치료 중이라고 했다.

코로나에 걸려 1주일 쉬었다가 통근 버스를 탔는데 가슴이 답답하더란다. 처음에는 코로나 후유증인가 싶었단다. 고속도로에 접어들기 전에 내려달라는 말이 목구멍까지 치밀었으나 어찌어찌 참았다. 강도는 점점 심해져서 유리창을 깨고 달리는 버스에서 뛰어내리고 싶을 정도로 답답하더란다. 일시적인 증상이거니 싶었는데 탈 때마다 되풀이되었고, 불안과 공포는 점차 심해졌다.

교대를 졸업한 언니의 딸이 가까운 학교에서 기간제교사를 하면서 함께 통근하기에 옆에서 손을 잡아 주었으나 증상은 가라앉지 않았다. 그 무렵 치과 검진이 있었다. 간호사가 얼굴을 가리는 헝겊을 덮자마자 숨이 쉬어지지 않더란다. 잠시만 시간을 주십사 의사에게 양해를 구하고 '내가 왜 이러지? 제발 진정하자' 하고 맘을 다잡는데 눈물이 쉬지 않고 흐르더란다.

겨우 진정하고 다시 의자에 눕긴 했으나 결국 천을 덮지 않고서야 치료를 받을 수 있었다. 어쩌다가 눈을 뜨면 의사 얼굴이 코앞이라 민망했지만 어쩔 수가 없더란다. 아이도 아니고 키가 170㎝가 넘는 어른이 겨우 헝겊 하나를 얼굴에 올리지 못하니 의사와 간호사 보기가 부끄러웠다는 이야기도 덧붙인다.

공황 장애의 원인으로는 극심한 스트레스나 트라우마를 꼽는다. 일정한 시간 동안 급격하게 불안감이 다가오면 당사자는 마치 죽을 것 같은 공포와 불안을 느낀다. 심장이 급격하게 빨리 뛰고 호흡이 가빠져 숨도 잘 쉬지 못하게 된다. 방치하면 심각한 우울증에 빠지기도 한다. 인기를 먹고 사는 연예인이 많이 걸려서 '연예인 병'이라고 비아냥대기도 하는데, 연평균 16% 이상씩 환자가 느는 추세이다.

언니는 작년에 1학년을 담임했다. 하필 그 반에 소문난 '폭탄'이 있었다. 바닥에 난방이 되어 있는 1학년 교실은 방처럼 따뜻하다. 수업 시간에 아이는 1년 내내 의자에 앉지 않았다. 누워서 여기저기 뒹굴었다. 친구 가방을 치고, 발을 꼬집고 때리기도 했다. 화가 나면 교실 뒷면에 붙은 작품을 다 뜯었다. 본인 것만 빼고. 복도를 지날 때면 양팔을 벌리고 걸었다.

친구를 툭툭 치다가 맞은 친구가 화를 내면 때렸다. 급식을 다섯 번이나 갖다 먹을 정도로 먹성이 좋아서 힘도 셌다. 걸핏하면 친구를 때리고, 자신의 물건이 아닌 것을 맘대로 가져갔다. 그러다 보니 하루도 조용히 넘어가는 날이 없었다. 젓가락질도 못 했다. 가만히 들고 있다가 어느새 양손으로 집어서 게걸스럽게 먹었다. 식판에 입을 대고 먹을 때도 많았다. 수없이 말해도 교육 효과는 없었다. 원인은 단순했다. 그래야 친구나 선생님이 자신을 봐주니까.

그런 아들을 둔 부모는 미안해하지 않았다. 아이 가방에 휴대폰을 두고 녹음하여 선생님을 감시했다. 다른 학부모의 민원이 생기면 1학기 마치고 전학 간다, 2학년이 되면 간다며 그 순간만 피했다. 곧 학교에서 유명해졌지만 그뿐이었다. 폭탄은 물론이고 남은 아이의 수업과 생활 지도는 오롯이 담임 혼자 감당해야 했다.

처음에는 동학년 선생님과 아이의 만행을 공유하기도 했으나 곧 그조차 하지 않았다. 경력 교사로서 후배들에게 미주알고주알 말하기가 부끄럽더란다. 결국 누구에게도 말하지 않은 채 어찌어찌 1년을 살아 낸 게 작년이었다.

그러거나 말거나 아이를 없는 이 취급하고 방치했더라면 좀 수월했을까? 양심상 도저히 그럴 수는 없더란다. 야단을 쳤다가 달랬다가 하루에도 몇 번씩 끓어오르는 화를 누르고 다스리느라고 정작 본인에게 나쁜 병이 찾아온 줄도 몰랐던 거다.

아이는 지금도 그 학교 2학년에 다니고 있다. 행여 만나기라도 하면 이산가족 상봉하는 것처럼 멀리서부터 "선생님!"을 부르며 환한 얼굴로 뛰어온단다. 전학 간다는 학교에도 이미 아이의 소문이 파다해 부모 뜻대로 되지 않은 모양이다.

이제 언니는 36년 동안 근무한 교단을 접고 명예퇴직을 신청할 예정이다. 폭탄이 그 시기를 앞당겨 주었으니 고마워해야 하나? 내년 3월이 되면 '미운 오리' 일곱 명 중 네 명만이 현직에 남는다. 그중 세 명도 이제나저제나 시간만 재고 있다. 이러다간 유일하게 승진한 나 혼자만 있게 될 모양이다. (2022)

감정 노동자,
교사의 설 자리가 없다

1학년 교실. 담임 선생님은 한 아이가 눈에 들어왔다. 엄마가 재혼하면서 데리고 온 아이로 새아빠와 할아버지는 아이가 조금만 잘못해도 매로 다스렸다. 아이는 주변을 정리할 줄도, 필요성도 느끼지 못했다.

수업이 끝나면 쓰고 난 크레파스를 제자리에 놓고, 풀이나 사인펜 뚜껑을 닫거나, 오리고 남은 색종이를 모아서 쓰레기통에 버릴 줄도 몰랐다. 아이의 주변은 책과 학용품이 늘 너저분하게 널려 있었다.

1학년 담임은 별걸 다 가르친다. 어른의 눈높이에서는 당연히 알 것이라고 생각한 일도 처음부터 꼼꼼하게 지도해야 한다. 화장실에서 노크하고 물 내리는 법, 손 씻는 법, 풀칠하거나 가위질하는 법도 다 가르쳐야 한다. 저절로 되는 건 아무것도 없다. 말하는 대로 잘 따라오는 아이가 있는 반면에 위 아이처럼 말 무서운 줄 모르는 이도 있다.

3월 한 달은 기본 생활 습관을 가르치는 달. 좁은 교실에서 스물여섯 명이나 되는 아이들과 잘 지내려면 학기 초 습관이 중요하다. 담임은 이 학교에서만 1학년 담임이 3년째인 50대 베테랑이었다.

그런 아이를 더 두고 볼 수 없었다. 1년을 잘 살아 어떡하든 정리하는 습관을 들여야 했다. 이제 교육의 시작이다. 하지 못하면 1학년이 힘들어질 건 불보듯 뻔하니까. 가장 기본적인 것을 가르치는 곳이 바로 초등학교니까. 마침 중간놀이 시간이었다. 다른 아이들처럼 운동장에 나갔던 아이가 웬일인지 다시 들어왔다.

때는 이때다 싶어 지난 수업 시간에 쓴 미술 용구를 정리하라고 했다. 아이는 화를 내며 하지 않겠다고 버텼다. 이번 기회에 정리하는 버릇을 단단히 들여야겠다고 작심한 담임은 하지 않으면 나가서 놀지 못한다고 단호하게 말했다. 아이는 고래고래 소리 지르고 욕하면서 자신의 책상과 의자를 밀어서 넘어뜨렸다.

"너만 책상 엎을 수 있냐? 선생님도 할 수 있어." 그러면서 아이와 똑같이 책상을 넘어뜨렸다. 이번 기회에 야무지게 버릇을 고쳐놓아야겠다고 결심한 터여서 담임도 더 이상 물러서지 않았다. 맨 뒷줄에 앉아서 놀던 여자아이 둘이 눈이 동그래져서 쳐다보는 게 신경이 쓰이긴 했으나 결심은 흔들리지 않았다. 결국 담임의 강수에 놀란 아이는 투덜거리면서 자신이 어지른 것을 정리하고서야 밖으로 나갈 수 있었다.

사건은 다음날 벌어졌다. 책상을 넘어뜨리고 담임이 소리를 지르는 바람에 자신의 아이가 놀랐다며 아동학대로 신고하겠다고 학부모가 문제를 제기했다. 담임은 선후를 말했지만 받아들여지지 않았다. 문제가 생기면 오직 결과로만 이야기하니까. 사건의 전말이 알려지자, 학부모 간에도 의견이 갈렸다.

버릇을 고치려면 필요했다며 옹호하는 쪽과 정서 학대로 몰아가는 쪽으로 말이다. 정작 당사자 엄마는 자기 아이 때문에 이런 일이 벌어졌다면서 미안해했지만 그녀는 힘이 없었다. 관리자는 아무런 도움이 되지 않았다. 역지사지의 심정으로 함께 아파하고 손잡아 주기라도 했으면 오죽 좋았을까.

담임은 상심했다. 베테랑이라고 자부한 터여서 더 상처가 컸다. 아이들 앞에 서기가 두렵다고 했다. 밤에도 잠들지 못했다. 학교에서는 휴직을 권했다. 진단서를 끊으려면 병원에 가야 했다. 의사한테 저간의 사정을 말하는데 의도와는 상관없이 눈물이 쏟아지더란다. 누구도 대신 아파해 주지도, 위로해 주지도 않는 상황에서 그동안의 설움이 쌓여 생전 처음 보는, 젊은 의사 앞에서 펑펑 울었단다.

결국 그녀는 휴직했고, 쉬었다 다시 돌아가려는 마음을 바꿔 명예퇴직을 신청했다. 다른 학교로 옮겨서 1년을 정말 멋지게 마무리하여 35년의 긴 교직 생활을 끝내려고 했다. 아이로 받은 상처를 싹 잊어버리고 교단에서 좋은 기억만 갖고 떠나고 싶었단다. 그런데 막상 쉬어 보니 자신이 그동안 얼마나 많은 스트레스를 받고 살았는지 보이더란다.

그때가 아니었더라면 명예퇴직할 용기도 내지 못했을 터라 지금은 오히려 그 아이들이 고맙다며 담담하게 말하는 언니를 보니 마음이 복잡했다. 대학 1학년 때 친구의 언니로 처음 만났다. 4년간 같은 학교에서 근무도 했고, 그 인연으로 지금껏 모임에서 규칙적으로 만나고 있다. 그녀가 얼마나 학급 운영을 잘하고 아이들에게 진심인지 곁에서 지켜보았기에 그녀의 그런 퇴직이 마음 아팠다.

얼마 전 꽃다운 나이의 교사가 극단적인 방법으로 생을 마감했다. 다른 곳도 아닌 학교라서, 더 반향이 크다. 치열한 경쟁을 뚫고 교단에 선 그녀가 죽음으로 남기고 싶은 말은 무엇이었을까. 전국적으로 교단의 추모 행렬이 이어지고 있다.

전남도교육청도 본청은 물론 순천만생태문화교육원에도 분향소를 마련했다. 웬만해서는 잘 움직이지 않는 교사를 움직이게 하는 힘은 무엇일까? 그건 바로 남 일이 아니라는 공감대가 만들어졌기 때문이다. 지인의 사례에서 보듯이 그런 일은 비일비재하다.

수업을 방해하고, 질서를 깨는 아이를 제어할 방법이 현재로서는 없다. 그 아이를 나무라고 야단치면 '정서 학대'다. 정당한 교육적 행위조차 상대방이 그렇게 느끼면 학대가 된다. 질서를 해치는 아이를 보다 못해 교실 밖으로 내보내면 수업권 침해다.

현재의 법으로는 교사가 할 수 있는 일이 없다. 아이를 나무라자 "그러면 선생님을 아동학대로 신고할 거예요"라며 당당하게 휴대폰을 집어 드는 초등학교 1학년 아이도 주변에서 보았다. 어느새 '을'이 된 교사의 현재 모습이다.

더 이상 이대로는 안 된다. 서이초 교사의 죽음이 헛되지 않도록 자은 변화라두 있어야 한다. 교사의 손발을 꽁꽁 묶어 둔 상황에서 질 높은 교육을 기대하기 어렵다. '감정 노동자' 교사의 설 자리가 마련되어야 한다. 그 젊음이 아깝다. 유족에게 깊은 위로를 보내며, 젊은 교사의 명복을 빈다. (2023)

그래도 가끔은
그 시절이 그립다

학급운영비를 개산급으로 지급한다는 기안이 올라왔다. 개산급이란, 국가 또는 지방자치단체가 미확정인 채무에 대해 지급 의무가 확정되기 전에 개산(概算 어림셈), 즉 대강 어림해 미리 지급하는 것을 말한다.

학교 회계는 사업별로 배당된 예산 내에서 쓸 금액을 무엇을 사는데 얼마만큼 쓰겠다는 내용을 품의해 관리자 결재를 맡고, 쓴 내역을 정산하는 게 일반적이다.

그에 비해 '학급 운영비 개산급'은 전라남도립학교 회계 규칙 제40조 규정에 따라 담임교사를 임시출납원으로 임명해 계좌에 입금하면 학급 행사, 생활지도, 학급 단체 활동 등에 담임이 자율적으로 집행한다. 그리고 교육 과정이 마무리되는 12월 말에 증빙자료와 정산서를 학교에 제출한다.

단 몰아서 쓰거나 반복적인 간식(특히 인스턴트 식품)을 사는 일은 지양하도록 돼 있다. 필요한 물건이나 재료가 있을 때마다 일일이 품의해 관리사의 결재를 맡는 번거로움이 줄고, 그때그때 원하는 걸 쉽고 빠르게 얻을 수 있어서 담임의 만족도가 높은 정책이다.

학급 학생 수가 열 명 미만인 소인수 학급이건 우리 학교처럼 스무 명이 넘어가는 다인수 학급이건 작년까지는 그 금액이 50만 원으로 같았다. 그런데 올해는 기본 50만 원에 학생 1인당 14,000원을 더해 지급한다. 바뀐 지침에 따라 우리 학교는 78만 원부터 많게는 85만 원까지 담임교사의 통장으로 지난 3월에 지급됐다.

얼마 전에 『팩트풀니스』를 읽었다. 세계적인 통계학자 '한스 로슬링'이 아들 부부(올라 로슬링, 안나 로슬링)와 함께 완성한 책이다. 한스는 자신이 췌장암에 걸려 얼마 못 산다는 것을 알게 되자, 책을 엮기로 결심한다.

세상은 점점 좋아질까, 아니면 나빠질까? 대다수는 세상은 예전보다 점점 나빠져서 살기 힘들다고 생각한다. 그런데 저자는 이런 생각이 사람들의 오해와 편견이며, 세상은 점점 더 좋아지고 있다는 걸 각종 데이터와 여러 통계 자료를 바탕으로 객관적으로 증명한다.

즉 자연재해는 줄었고, 전 세계 1세 아동 중 예방접종을 받는 비율, 세계 인구 중 어떤 식으로든 전기를 공급받는 비율은 80%에 이르렀으며, 영아 사망률도 획기적으로 낮아졌다. '전 세계 30세 남성이 평균 10년간 학교에 다닌다고 볼 때, 같은 나이의 여성은 얼마 동안 학교에 다닐까?' 1번 9년, 2번 6년, 3번 3년.

정답은 1번이다. 당신은 맞혔는가? 실망할 필요는 없다. 전 세계 각계각층을 실험한 결과 이 문제의 정답률은 15%에 불과했다. 보기가 3개이므로 그냥 찍어도 30%를 넘기는데 대다수가 한쪽으로 쏠

려서 세계를 부정적으로 바라보고 있어서 나타난 현상이라고 저자는 말한다. 그리고 그 원인으로 사람들의 시선을 끌 수 있는 자극적이고 부정적인 뉴스를 주로 다루는 미디어를 꼽았다.

학교도 마찬가지 아닐까? 늘어나는 학교폭력과 학부모 민원 등으로 어려움이 있기는 하지만 우리나라 교실은 시스템이나 시설 면에서는 세계 어느 나라에도 뒤지지 않는다. 학급에는 전자 칠판과 실물 화상기가 있고, 학년 협의실엔 컬러복사기가 있다. 그뿐이랴. 조금만 시간을 들이면 앱이나 학습지를 교사 플랫폼에서 쉽게 찾아 재미있고 창의적인 수업을 할 수 있다.

책받침을 대지 않고서는 글씨를 쓰기 힘들었던 책상은 어느새 매끈하고 디자인과 색깔, 기능까지 뛰어나게 바뀌었다. 칠판과 교과서만 가지고 수업하던 시절이 옛이야기로 느껴질 정도로 학교 시설이나 환경은 정말 좋아졌다.

내가 처음 교단에 선 80년대 말에는 교실에 화목 보일러가 있었다. 나무를 충분하게 대주는 것도 아니었다. 시설관리 주무관 아들이 있는 옆 반에는 불씨가 꺼질 새가 없는데, 비빌 언덕조차 없던 우리 반은 늘 추웠다. 학기 말이면 볼펜조차 제대로 쥐어지지 않는 곱은 손을 불어가며 생활기록부를 작성했다. 여름에는 한증막 같은 교실에서 도저히 수업을 이어갈 수 없어 일찍 하교한 적도 있었다.

운동장 수업이 일상이었고, 청소 용구나 학습 준비물도 모두 학생이 챙겨야 했다. 또 급식이 시작되기 전이라서 아이들은 도시락을 싸고, 교사들은 인근 식당에서 배달시켜 점심을 해결했다. 식당조차 없는 시골에서는 관사에서 대강 때우고 나왔다. 요리 실습이 있는 날은 가스레인지는 물론이고 냄비나 숟가락도 집에서 가져와야 했다.

체육 시간에 쓸 곤봉이나 소고, 줄넘기는 물론이고 도화지나 색종이 한 장까지도 학생들이 그날그날 사 와야 했다. 체육 수업을 마치고 땀을 비 오듯 흘리는 아이들에게 아이스크림 하나 사 줄 때도 교사의 호주머니를 털어야 했다. 아이들은 많고, 월급은 쥐꼬리던 저경력 교사 시절에는 그조차 쉽지 않았다. 그럴 때 지금처럼 담임 마음대로 쓸 수 있는 학급운영비가 있었더라면 얼마나 좋았을까.

가만히 생각해 보면 그 모든 게 불과 30년 전 일이다. 그 시절이 까마득하게 여겨지는 건 비단 나만은 아닐 것이다. 한 번 들어오면 정년을 채우는 게 대부분이어서 교사의 소명의식도 남달랐다. 연가나 병가는 물론, 조퇴 한 번 내는 것도 큰마음을 먹어야 가능했다. 내가 맡은 아이들에게 피해를 주기에 마음대로 아프지도 못했다.

옛날 이야기하는 나를 보고 혹자는 '꼰대'나 '라떼'를 넘어 '틀딱'으로 매도할지도 모르겠다. 느리지만 세상은 조금씩 나아지고 있다는 걸 믿는다. 정의를 향해 조금씩 나아가는 우리 사회가 반갑고 고맙다.

춥고, 배고프고, 부족한 것투성이였지만, 그래도 가끔은 그 시절이 그립다. (2024)

4부

안개

　남자는 최연소 경감을 달 정도로 능력이 있다. 자신이 하는 일에 사명감과 자부심이 강하다. 그런 남자가 용의자인 여자에게 끌린다. 남편을 살해한 혐의를 받는 그녀를 감시하면서 자신도 모르게 빠져든다. 남자는 살인의 증거물을 눈감아 준다. 그리곤 자부심에 금이 간 자신을 '붕괴되었다'고 표현하며 여자를 떠난다. 그녀가 있는 도시를 벗어나 아내가 있는 곳으로 돌아간다.

　몇 달이 지나 남자는 아내와 함께 간 시장에서 우연히 그녀를 만난다. 당황하는 그와 달리 그녀는 이 순간을 기다린 듯 자연스럽다. 곁에 있는 남자를 남편이라며 소개한다. 그런데 얼마 후 그녀의 남편이 시체로 발견된다. 피의자로 다시 그 앞에 선 여자, 남자는 묻는다. 왜 그런 사람이랑 결혼했냐고.

　그녀는 다른 남자와 '헤어질 결심'으로 그랬다며 그를 흔든다. 또 자신은 남편을 죽이지 않았다고 말하지만 이번에는 그녀의 말을 믿어주지 않는 남자. 여자는 자신만의 방법으로 그에게 오래 기억되는 방법을 찾는다. 물이 빠진 해변에 커다란 구덩이를 파고 그 안에 들어가서 웅크린다. 서서히 밀물이 들어오고, 그녀가 만든 모래 산도 순식간에 사라진다. 남자는 뒤늦게 그녀를 찾아 해변으로 오지만 안개 자욱한 그곳에는 파도만이 철썩거리고 있다.

그 위로 음악이 흐른다. 우리나라 최고의 기타리스트라 일컫는 함춘호의 연주에 여자와 남자가 듀엣으로 부르는 '안개'다. '나 홀로 걸어가는 안개만이 자욱한 이 거리.' 전성기의 힘 있는 목소리와는 전혀 다르게 여자는 읊조리듯 담담하다. '그 언젠가 다정했던 그대의 그림자 하나.' 깊은 연륜이 느껴지는 남자 가수의 묵직하면서도 절제된 음성이 뒤를 잇는다. '생각하면 무엇하나 지나간 추억' 여자의 노래에 남자가 화음을 넣는다. '그래도 애타게 그리는 마음. 아아 아아 아- 그 사람은 어디에 갔을까.' 두 남녀의 마음을 대변하듯 정훈희와 송창식이 부르는 노래가 애절하게 이어진다. 음악이 영화를 더 빛나게 하는 순간이다.

영화의 어느 곳에도 사랑한다는 말은 나오지 않는다. 표정과 목소리, 눈빛으로 주인공의 감정 변화를 섬세하게 묘사한 박해일과 탕웨이의 연기가 좋았다. 특히 탕웨이를 왜 세계적인 배우라고 하는지 이해하게 되었다. 흉내 낼 수 없는 독특한 아름다움이 있었다. 〈만추〉에서 봤던 모습과는 또 달랐다. 그녀의 사랑법이 영화가 끝나고서도 내내 마음에 남았다. 박찬욱 감독의 영화 〈헤어질 결심〉의 내용이다.

나는 그 감독의 영화를 즐기지 않았다. 여운은 긴데 뭘 말하고자 하는지 바로 이해가 안 될 때가 많았다. 왜 '천재 감독'이라는 수식어가 따르는지도 의문이었다. 이번만은 달랐다. 노래가 더 마음을 울렸다. 흥행에 크게 성공하지는 못했지만(189만 명) 그는 이 영화로 제75회 칸영화제에서 감독상을 받았다. 아마 노래도 한몫하지 않았을까.

노래는 가수 정훈희의 데뷔곡이다. 그녀는 고등학교 1학년 때인 17세에 당대 최고의 작곡가 이봉조에게 이 곡을 받았다. 알고 보니 이미 만들어 두고 어울리는 가수를 찾던 중이었단다. 이번 영화에 쓰인 음악은 발표된 지 무려 55년 만에 다시 녹음한 것이다. 처음에는 거절했지만 '안개' 노래를 들으면서 영화를 만들었다는 감독의 설득으로 성사된 일이다.

성대 결절 수술을 두 번이나 하고 회복 중이던 송창식에게 정훈희는 자신의 청에 뭐라고 대답할지 예상했기에 약속도 없이 송창식이 운영하는 미사리 카페에 감독과 함께 무작정 쳐들어갔단다. 하마터면 못 들을 뻔했다. 일흔이 넘은 두 거장이 부르는 '안개'는 이렇게 태어났다. 노래가 영화를 한층 깊게 만들었다. 미묘한 사랑의 어긋남을 음악이 대변해 주는 듯하다.

노래방이 생기면서 가사를 보지 않고 끝까지 부를 수 있는 노래가 몇 안 된다. 귀에 익은 음악이지만 막상 생음악으로 도전하면 꼭 어느 한 구절이 막힌다.

이 노래만은 예외다. 남편 회사에서 시내 나이트클럽을 통째로 빌려 송년회를 연 적이 있다. 노래자랑도 했는데 우리 부서 대표로 나가는 게 어떠냐고 권했다. 하늘의 별도 달도 말만 하면 그가 따

줄 거라 믿던 신혼 시절이었다. 몇 가지 노래를 놓고 저울질하다가 '안개'로 정했다. 내가 초등학교에 들어가기도 전에 만들어진 노래였지만 종종 흥얼거리던 터였다. 별다른 연습도 안 했는데 그날이 되었다.

생각보다 규모가 컸다. 조명이 번쩍거렸다. 참석자도 많았다. 그런데 심사위원이 낯익다. 운동회 날 보았던 우리 반 반장 아버지다. 남편 회사의 과장이라더니 그 자리에 떡 하니 앉아 있는 게 아닌가. 갑자기 긴장이 감돌았다. 노래를 어떻게 마쳤는지는 기억나지 않는다. 상을 하나 받았는데 부상이 식기 건조기였다. 그것이 꽤 오래 우리 집 부엌에 놓여 있었다. 돌이켜 보면 실력이라기보다는 사심이 많이 들어간 심사위원 덕이 아니었을까 싶다.

종종 그 노래를 부른다. 이번에도 10여 명이 참석한 모임에서 반주도 없이 두서너 곡 이어지더니 내게도 차례가 왔다. 영화를 보기 전이었지만 대강 내용은 알고 있었기에 이 노래와의 오랜 인연을 설명했다. 최근에 개봉한 영화여서 그랬을까. 다른 데서 부를 때보다 환호성이 컸다. 그날 밤에 집에 와서 영화를 보았다. 배우와 음악, 감독이 잘 버무려진 맛난 비빔밥 맛이었다. (2023)

배보다 배꼽이 크다

　지인들이 하나둘 교단을 떠나고 있다. 친한 친구 둘은 작년, 만든 지 30년이 된 '미운 오리 새끼' 모임 일곱 명 중 넷도 몇 년 사이에 명예퇴직했다. 남은 둘도 올해까지만 한다고 선포했다. 아이들이 더 이상 이쁘지 않고, 연로하신 부모님도 모셔야 하고, 건강이 나빠져서 등 이유도 다양하다. 결국 유일하게 승진한 나만 정년까지 채울 확률이 점점 높아지고 있다.

　수석 언니와는 만난 지 10년도 채 되지 않는다. 교직에서 만난 지인 대부분이 몇십 년씩 된 것에 비하면 그리 긴 편은 아니다. 사는 곳도 다르고 함께 근무한 기간도 짧았으나 생각이 비슷하고, 느린 학습자 공부를 함께하면서 짧은 시간에 꽤 끈끈한 사이가 되었다. 그런데 이번에 그 언니조차 정년 2년을 남겨 놓고 퇴직을 신청했다.

　언니의 엄마는 몇 년째 투병 중이다. 나란히 아파트를 얻어 한 집엔 자신의 가족, 바로 옆집에는 미혼인 여동생과 엄마가 살았다. 퇴근 후에는 언니가 장을 봐서 저녁을 준비하면, 여동생이 설거지까지 마치고 엄마와 함께 집으로 돌아가는 식으로 살림을 꾸렸다. 그런데 엄마가 휠체어 생활을 하게 되면서는 그조차 어려워졌다. 할 수 없이 언니와 여동생이 출근하는 낮에는 사람을 써서 간병을 이어 갔다. 그런데 간병인도 7일 내내 근무할 수는 없기에 주말에는 가족들이 돌아가며 엄마를 보살폈다. 서울 사는 오빠와 여동생이 다녀가지만 어쩌다 한 번이었다. 사람을 쓰는 것도 한계가 있어 조금만 마음을 상하게 하거나 일이 힘들면 관두기 일쑤였다.

돈은 돈대로 들면서도 간병인 때문에 자주 속을 끓였다. 엄마는 입퇴원을 반복했고, 그러는 사이 상태도 조금씩 나빠져 갔다. 병원 생활이 길어지자, 비록 몸놀림은 자유롭지 못하나 의식은 또렷한 엄마는 집으로 가자고 졸랐고, 그런 엄마의 바람을 차마 못 본 체할 수 없어서 이번에 결단을 내린 것이다.

그녀는 아침 일곱 시에 엄마 집으로 출근한다. 식사를 챙기고, 엄마 운동과 목욕을 시키고, 퇴근한 여동생과 저녁까지 먹고 오후 여덟 시가 되면 벽 하나 차이인 자신의 집으로 돌아온다. 주중에는 수석 언니가, 주말에는 그녀의 여동생이 엄마의 보호자가 된다. 그 생활이 벌써 3개월째다. 하루 열세 시간의 노동에 몸은 고되지만 마음은 편하단다.

지난 주말에 수석 언니와의 모임이 있었다. 갇혀 지내다가 오랜만에 나왔다며 즐거워했다. 엄마의 근황을 물었더니 "지난 1년 동안 엄마가 1억을 까먹었어."라고 한다. 그 옆에 있던 다른 언니는 자신의 엄마도 3년 투병에 1억 가까이 들었다며 거든다. 나를 비롯하여 옆에서 듣던 이가 모두 깜짝 놀랐다. 믿지 못하는 게 얼굴에 드러났는지 세세하게 알려 준다.

매월 간병인 월급으로 5백, 병원에서 받는 재활 치료비로 4백만 원씩 들었단다. 엄마가 저금한 돈에 아버지의 연금이 있어서 자녀들이 치료비 보탤 걱정은 없어서 그나마 다행이지만 보통의 서민은 엄두도 못 낼 액수다. 부모가 아무리 귀해도 한 번도 아니고, 연 1억씩 들여 부양할 수 있는 자식이 과연 몇이나 되겠는가?

우리나라 의료보험은 세계적으로 자랑할 만한 수준이다. 낮은 수가로 의사들은 불만일지 모르지만 병원 문턱이 낮기에 누구라도 치료를 받을 수 있는 점이 매력이다. 그런데 의료보험 혜택이 안 되는 간병비는 고스란히 환자 가족의 몫이다. 긴 병에 효자 없다고 부모의 간병으로 지친 가족, 가정이 깨질 정도의 위기에 처한 이도 자주 본다. 사회보장책은 선진국처럼 충분히 마련되지 못했는데 수명은 갈수록 길어지니 걱정이다. 마음은 있으나 생업에 바빠 부모의 간병에 매달릴 수 없는 자식의 처지도 딱하긴 마찬가지다.

'한 부모는 열 자식을 거느려도, 열 자식은 한 부모를 못 모신다'는 말이 그른 것 하나 없다는 걸 주위에서 심심찮게 본다. 모든 생명체는 사라진다. 조금 빠르고 늦고의 차이가 있을 뿐이다. 현대판 고려장이라는 요양원이나 요양 병원에서 쓸쓸하게 생을 마치는 사람이 늘어 간다. 가슴이 아프지만 별다른 대안이 없는 게 현실이다. 엄마 돌아가시고 나면 후회할 것 같아서 용기를 낸 수석 언니 같은 이는 그래서 더 귀하다.

부디 그녀의 엄마가 조금 더 오래 버텨 주시길 기도할 뿐이나.
(2024)

작은 거인 메시 찬가

볼까 말까 망설였다. 토요일만 됐어도 그러지 않았을 텐데 하필 일요일로 게다가 새벽이란다. 한 주일의 첫날부터 피곤이 쌓이면 일주일 내내 회복할 길이 없다. 카타르 월드컵 결승전이 열리는 축구 경기를 보느냐 마느냐 그것이 문제로다.

카페를 마감하고 밤 열한 시에서야 집에 온 큰딸과 남편, 셋이서 텔레비전 앞에 둘러앉았다. 전년도 우승팀인 프랑스와, 남미 강호 아르헨티나가 결승에서 맞붙는다. 프랑스는 이제 스물셋의 음바페가 최전방 공격수다.

아르헨티나에는 마라도나를 잇는 걸출한 영웅 '메시'가 있다. 그는 매년 세계에서 한 해 최고 활약을 펼친 축구 선수에서 수여하는 상인 발롱도르 7회 수상, 유럽 챔피언스 리그 4회, 라리가 10회 우승 등 이 시대 최고의 축구 선수다.

22명이 뛰는 축구장에서도 그는 한눈에 알아볼 수 있다. 놀랍게도 키가 170㎝가 채 안 된다. 우리나라 일반인 중에서도 작은 편에 속한다. 하물며 운동선수라니? 그보다 20㎝ 이상 큰 선수들이 포진한 경기장에서 가장 작다. 대학생과 초등학생이 한 운동장에서 뛰는 것처럼도 보인다. 유럽 선수들 틈바구니에서 땅꼬마로 보이는 그가 살아남은 것만도 놀라운데, 한동안은 깨지기 어려운 실적까지 쌓았으니 메시 찬가는 끊이지 않고 울려 퍼질 듯하다. 그는 이번 월드컵에서도 역대 최초로 조별 리그와 16강, 8강, 4강, 결승전에서 모두 골을 기록한 선수가 됐다. 당연히 대회 골든볼까지 받았다.

사실 나는 메시를 잘 모른다. 키 크고 잘생긴 호날두와 비교하는 기사만 자주 읽었을 뿐 축구에 큰 관심은 없어서다. 호날두가 언행이나 인간관계, 혹은 여자 문제로 종종 구설수에 오르는 동안 상대적으로 메시는 조용했다. 중학교 때 만난 부인과 결혼해 세 아들을 낳아 기른다. 주변에서 흔하게 만나는 이웃집 아저씨처럼 편안한 얼굴이다. 한 골을 넣었다고 크게 기뻐하거나 낙담하는 듯 보이지도 않는다.

처음부터 일방적으로 아르헨티나를 응원했다. 경제가 어려워져서 고통받는 국민에게 힘이 되길 바라서다. 프랑스야 누가 뭐라 해도 세계 제일의 선진국이지만 아르헨티나는 벌써 몇십 년째 경제 불황으로 힘들어하고 있다. 지도자를 잘못 뽑으면 한순간에 나락으로 떨어질 수 있다는 걸 잘 보여 주는 예다. 아르헨티나는 두 개의 환율이 있다.

정부의 공식 환율과 암시장의 그것이 다르다. 그러기에 암 환율로 달러를 바꿔서 공항의 면세점에서 물건을 사면 거의 반값에 살 수 있다. 만성적인 인플레이션과 정부의 무분별한 통화 발행으로 높은 물가 상승률에 시달리고 있다. 1년에 100%의 인플레이션이 일어난 해도 있었다. 열심히 일하지만 기본 생계비에도 미치지 못하여 빈부 격차가 커지고 빈곤층이 갈수록 늘어 가고 있다. 그런 국민에게 이번 월드컵 우승은 커다란 기쁨이 될 것이다.

메시는 시종일관 뛰어다녔다. 월드컵 출전 이후 모든 경기를 풀타임으로 뛰었단다. 공격수이지만 수비수로도 활약한다. 전반전은 일방적으로 아르헨티나가 우세한 경기였다. 결승까지 어떻게 올라왔을까 싶게 프랑스는 무기력했다. 유효 슈팅 하나가 없었다. 반전은 후반 30분이 넘어서야 일어났다. 아르헨티나 선수의 반칙으로 페널티 킥이 선언되었다.

메시와 같은 구단에서 뛰는, 떠오르는 샛별 음바페가 가볍게 골을 넣었다. 아르헨티나도 만만치 않았다. 메시의 환상적인 슛으로 동점이 되는 데는 채 2분이 걸리지 않았다. 뛰어난 선수는 위기의 순간에 빛나는 법이다. 경기는 연장전으로 이어졌다. 후반 4분 만에 메시가 또 골을 넣었다. 이대로 끝나기를 응원했다.

그런데 또 이변이 일어났다. 종료 2분을 남기고 아르헨티나 선수 팔에 공이 맞아서 페널티 킥이 만들어졌다. 이 골로 음바페는 무려 월드컵 결승전에서 해트트릭을 기록했다. 그것도 두 골이나 페널티 킥으로. 경기는 3-3 동점으로 끝났다.

이제 승부차기다. 혹자는 승부차기할 때마다 선수 생명이 단축된다고 한다. 그만큼 보는 사람도 차는 이도 마음 졸인다. 그 넓은 골망을 두고 골대를 맞히는 선수도 있었다. 또 한 선수는 부담을 이기지 못했는지 내가 차도 그리는 안 차겠다는 말이 나올 정도로 공이 하늘로 날았다. 손에 땀을 쥐게 하는 치열한 접전 끝에 결국 아르헨티나가 최후 승자가 됐다. 함께 운동장에서 뛰어다닌 듯 나도 맥이 풀렸다.

시간은 이미 새벽 세 시를 넘어서고 있었다. 그런데도 잠이 오지 않았다. 120분을 뛰고도 시상식장에서 방방 뛰고 또 뛰는 아르헨티나 선수들의 기쁨이 내게도 고스란히 전해졌다. 그들의 유니폼은 치열한 접전이라는 걸 짐작할 수 있게 땟국물이 줄줄 흘렀다. 그조차 아름다웠다. 이런 멋진 경기를 보지 않았더라면 얼마나 아쉬웠을까? 축구 역사에 길이 남을 명승부였다.

메시는 열한 살에 '성장 호르몬 결핍'이라는 희귀병에 걸렸다. 어린 나이에 고통스러운 주사를 수없이 맞았다. 그런데도 그 모든 어려움을 이겨 내고 오늘의 메시가 됐다. 작은 키와 왜소한 체격인 자신의 단점을 화려한 드리블과 정확한 패스로 바꾸었다. 그가 드리블하는 걸 보면 신기하기 짝이 없다. 별로 힘들이지 않고 슬슬 움직인다.

공도 몸의 일부분처럼 느껴진다. '축구의 신'이라는 별명이 괜히 생긴 게 아닌 듯하다. 메시는 월드컵에 여러 번 나왔지만 형편없는 성적을 거둬 2016년 국가 대표 은퇴를 선언했다. 죄책감과 사람들의 비난 때문에 자포자기 상태로 벌인 일이다. 그런 메시가 복귀할 수 있도록 용기를 준 건 시골 초등학교 여교사가 쓴 한 통의 편지 때문이었다.

"저는 비록 교사이지만, 아무리 노력해도 저를 향한 아이들의 존

경심이, 당신을 좋아하는 마음에는 미치지 못합니다. 그런데 지금 아이들은, 영웅이 포기하는 모습을 보게 됐습니다. (중략) 지금 당신이 은퇴하면 이 나라 아이들은, 당신에게 배웠던 노력의 가치를 더 이상 배우지 못할 것입니다.

지금 당신처럼 졌다는 이유만으로 포기한다면, 오늘도 하루하루를 어렵게 살아가는 이 나라의 많은 사람은 인생의 가치를 잃어버릴 수 있습니다. 제발 우리 아이들에게 2위는 패배라고, 경기에서 지는 것이 영광을 잃게 되는 일이라는 선례를 남기지 말아 주세요. 진정한 영웅은 패했을 때 포기하지 않는다고 생각합니다. 당신이 우리나라를 대표할 때만큼은 리오넬 메시가 아닌 아르헨티나 그 자체라는 마음으로 대표팀에 남아 줬으면 합니다."

메시는 결국 6주 만에 대표팀에 돌아왔고, 국민의 열망대로 우승컵을 그의 조국에 선사했다. 그때 그대로 포기했더라면 빛나는 오늘은 없었을 것이다. 아이들의 꿈, 아르헨티나인의 자존심인 그가 이번에 진짜 은퇴를 선언했다. 그와 동시대 사람이라서, 그의 경기를 월드컵에서 볼 수 있어서 행운이다.

우리 나이로 서른여섯인 그의 활약으로 그의 조국 아르헨티나는 1986년 멕시코 월드컵에서 마라도나가 이룬 우승 이후 36년 만에 세 번째 우승을 차지했다. 공 하나로 지구촌이 하나가 되는 아름다운 경기, 2022년 카타르 피파(FIFA) 월드컵은 그렇게 막을 내렸다. (2022)

산티아고 가는 길

결국 해냈다. 그녀가 집 떠난 지 41일 만에 검게 그을린 얼굴로 돌아왔다. 지난 2월 37년을 근무한 교단에서 명예퇴직한 언니는 딱한 달을 쉬고는 남편과 산티아고로 떠났다. 간간이 그녀의 카톡 사진을 보면서 여정을 짐작했다. 무거운 배낭을 짊어진 남녀가 파란 하늘 아래 황톳길을 걷는 풍경이나 광장 한가운데를 내려다보며 공연을 즐기는 사람들의 뒷모습도 있었다. 늦은 밤 알베르게(숙박 시설의 한 종류로, 약 800㎞에 이르는 엘 카미노 데 산티아고 순례자들이 이용하는 숙박업소)를 찾아드는 지친 그녀 남편도 조그맣게 보였다. 햇살 아래 기타 치며 노래하는 수녀, 스테인드글라스로 화려하게 장식한 성당 내부, 뽀족뽀족 하늘을 향해 솟은 고딕 양식의 건물 외관도 자주 등장했다. 한 달이 넘어가자, 파란 바탕에 진노랑의 빛살이 한 꼭짓점에서 열한 군데 방향으로 퍼진 산티아고 순례길 이정표와 남은 거리가 화살표로 표시된 비석이 자주 올라왔다.

마지막 날에는 다리 하나로 땅을 짚고 두 팔과 한 다리를 경쾌하게 치켜든 채 활짝 웃는 사진이 보였다. 오직 두 다리로 해냈다는 뿌듯한 마음이 생생하게 전해졌다. 그 길을 완주한 사람만이 느끼는 자유였다. 그녀의 환한 미소가 아름다웠다. 뒤로는 산티아고 데 콤포스텔라 성당이 보였다. 예수의 열두 제자 중 가장 먼저 순교한 야고보 유해가 안치되어 있는 곳이다. 산티아고 순례길의 종착지에서 만나는 성당으로 무려 천 년 전에 지어졌다.

많은 이가 그 길을 꿈꾼다. 버킷리스트에 이름을 올리고 기회만 되면 닿으려고 소망한다. 그러나 실행하는 사람은 극소수다. 과거에는 종교적 의미가 강해 가톨릭 신자들이 주로 찾았지만 지금은 전 세계인의 길이 되었다.

한때 잊히기도 했으나, 우리나라에 온 적도 있는 교황 요한 바오로 2세가 1982년 산티아고 데 콤포스텔라 성당을 방문하면서 다시 인기를 얻었다. 게다가 브라질 출신 소설가 파울로 코엘료가 『순례자』를 출간하여 그 인기에 불을 지폈다.

1993년에는 길 전체가 유네스코 세계 문화유산으로 지정되었다. 코엘료가 그 길을 걷던 당시 1년에 400명이 걸었던 그곳은 책이 인기를 얻은 뒤에는 하루에 400명, 이제는 수천 명이 걷는 길이 되었다. 특히나 코로나 팬데믹 끝이 보이는 요즘은 여행자가 늘어서 방 잡기도 어렵단다.

'순례길은 한 번도 안 가 사람은 많아도 한 번만 간 사람은 드물다'는 말이 있다. 잘 아는 언니도 중독된 사람 중 한 명이다. 그녀는 남편과, 언니 부부까지 넷이, 그리고 언니와 단둘이서, 마지막엔 오로지 혼자서 그 길을 걸었다. 혼자 걷는 그 길이 얼마나 팍팍했는지

'남들은 모르니까 오지만, 자신은 이리 힘들다는 걸 알면서도 왜 왔을까?' 후회하면서 걸었단다.

비행기와 열차, 버스와 자동차가 버젓이 다니는 21세기에 그 먼 거리를 뚜벅뚜벅 오로지 자신의 두 다리로만 이동하다니 신기한 일이 아닐 수 없다. 발바닥엔 물집이 잡히고, 방은 좁고 불편하며 몸은 천근만근일 터인데 기꺼이 고행을 감내하면서 왜 그 길에 서려고 할까? 언니는 그 길에 중독된 사람이 그렇게 많다고 했다.

'잘 지내지? 새벽에 나서서 오후 두 시나 세 시가 되면 알베르게에 도착해. 샤워하고 빨래하고 먹고 자는 일이 전부라네. 언덕에 올라 내려다보면 끝없이 이어지는 아스라한 길도 한 걸음 한 걸음이 모여 어느새 목적지에 닿게 되더군. 1주일째가 고비라는데 오늘은 걷는 중에 나도 모르게 울고 있더라. 뭐하러 여기 왔지? 편안한 집을 두고 왜 힘들게 여기까지 와서 눈물을 흘리고 있는 걸까? 이 길을 걷는 이유가 뭘까? 그동안에는 오랫동안 꿈꿔 오던 일을 이룬 것에 감사하기만 했는데 오늘은 다른 기분이 들었어. 그곳은 한밤중일 텐데 옛 수도원을 숙소로 만든 이곳은 참새가 쉬지 않고 짹짹거리네.'

8일째 되던 날 안부를 묻는 내게 언니가 보내온 톡이다. 어쩌면 비우려고 떠나는 모양이다. 그동안 자신을 둘러싸고 있던 많은 물건과 복잡한 인간관계에서 벗어나 햇볕이 내리쬐건 비가 내리건 상관없이, 그저 묵묵히 걷는다. 많은 짐도 필요 없다. 갈아입을 옷 한 벌이면 된다. 그때그때 형편껏 식사를 해결하는데 메뉴는 단 세 가지뿐이란다. 오직 먹고 자는 그 단조로운 일을 반복하다 보면 어느

샌가 다시 일어설 힘을 얻나 보다. 어쩌면 순례길은 정든 교단을 떠나는 언니가 남기는 매듭이 아니었을까.

나도 한때 꿈을 꾸었다. 크게 아프고 난 뒤에는 하루 종일 무거운 배낭을 메고 움직일 자신이 없었다. 보통은 20㎞, 다음 알베르게까지의 시간이 어중간하거나, 묵을 방이 없으면 30㎞ 이상을 걷는 날도 있다고 들었기에. 그런데 네 번이나 다녀온 언니가 그런 걱정은 필요 없단다. 다음 숙박지까지 전문적으로 짐을 날라다 주는 동키 서비스도 있으니 주머니만 넉넉하면 된단다. 행여 컨디션이 안 좋거나 아픈 날에는 버스를 타고 갈 수도 있다며 미리 카페에 가입하여 공부하란다.

언젠가는 나도 저 길 위에 있으리. 머리를 비우고, 가장 단순한 운동으로 몸을 단련하여 다시 날아오를 힘을 얻으리. 생각만으로도 가슴이 뛴다. (2023)

바로 지금이야!

큰 학교에서는 학년 단위로 움직인다. 부장을 중심으로 학년 교육 계획을 짜고, 교육 과정과 연계한 현장 체험 학습지를 고르고, 학예회 종목을 정한다. 매일 얼굴을 마주하고 사는 우리 반 아이들이 1년의 행복을 결정하는 가장 중요한 요인이긴 하나 누구와 같은 학년을 맡는가도 무시할 수 없다. 함께 차를 마시고, 간간이 회식도 하며, 봄과 여름에는 짧은 나들이도 즐긴다. 같은 학년의 선생님을 잘 만나면 그해가 즐겁다.

우리 학교 3학년과 4학년 선생님은 마음 맞는 사람들끼리 미리 같은 학년을 희망하여 담임을 맡았다. 그러다 보니 웬만해선 잡음이 나지 않는다. 조금 늦더라도 서로 끌고, 기다려 주기에 지켜보는 나도 마음이 편하다. 학년에 어려운 일이 있더라도 능히 해결할 것 같은 믿음이 생긴다.

선배와는 두 학교에서 같이 근무했다. 2년 선배라 대학에서도 한 울타리 안에 있었을 텐데 본 기억이 없다. 그런데 통성명하고 보니 친구 언니였다. 우리는 교직 초년병 시절에 만났다. 그리 큰 학교가 아니었지만 이야기 나눌 기회는 거의 없었다. 나는 첫 발령을 받은 지 얼마 안 된 신규 교사였고, 신혼인 선배도 주말부부로 지내느라고 바빴다.

두 번째 학교에서는 동학년 담임으로 만났다. 그녀의 교실은 위층, 나는 아래층이었지만 동학년이 어떻게 움직여야 하는지를 처음으로 가르쳐 준 선배 선생님들 덕분에 하루하루가 새로웠다. 부전공으로 국어교육을 전공한 것은 서로 알았지만, 그녀도 나도 글쓰기를 자랑할 만한 실력은 아니었다.

그러던 어느 날 선배가 함께 지역의 문인 협회에 가입하자고 권했다. 독박 육아로 직장도 겨우 다니는 형편이라 썩 마음이 내키지는 않았다. 그런데 뜻밖에 남편이 밀었다. 그게 고마워 용기를 냈다. 문협 회원 다수가 시를 쓰는 데 비해 선배와 나는 수필이다. 잘 쓰고 싶은 욕심은 있었으나 아이 기르느라 학교와 집을 오가는 생활 외에는 한눈팔 겨를이 없었다.

1년에 한 번씩 펴내는 문협 잡지에 수필 두 편 써내는 것도 벅차 그조차 채우지 못한 적도 많았다. 괜히 이름만 걸어 두고 밥값을 못하는 나날이 이어졌다. 원고 마감일이 되면 글을 썼는지 여부를 공유하면서 서로를 의지하고, 때론 독촉했다. 이제는 자기 글에 책임을 지라며 등단을 권유하는 주변 사람도 있었지만 말 안 듣는 아이처럼 우린 움직이지 않았다.

그런데 기회는 우연하게 찾아왔다. 앞서거니 뒤서거니 한 달 간격으로 같은 문예지로 문단의 세계에 들어섰다. 또 내가 한 학기 먼저 시작한 〈일상의 글쓰기〉 반에서 수필 쓰는 법을 함께 배웠다. 시간적 여유가 생긴 데다, 글을 더 잘 쓰고 싶은 욕심도 한몫했다. 좋은 스승을 만나 재미를 붙여 열심히 공부했다.

그녀의 글은 정겹다. 읽고 나면 마음이 따뜻해진다. 화려한 수사가 없어서 담백하다. 잘 익은 홍시 하나를 먹은 듯 포만감이 든다. 나는 글을 음미하며 천천히 읽는 것을 좋아한다. 목청이 크고 수다스러운 나와 달리 그녀의 목소리는 나직나직하다. 수줍은 듯 활짝 웃으면 눈가에 잡히는 잔주름도 정겹다. 글과 삶이 크게 다르지 않아서 더 마음이 간다.

글이 모이니 부자가 된 것처럼 뿌듯했다. 그동안 쓴 글을 묶어 책으로 펴내고 싶었다. 전남문화재단 지원금을 받으려고 서류를 제출했다. 비슷한 시기에 등단하여 함께 문학의 길을 걸어왔는데 나만 선정되고 말았다. 선배는 괜찮다고 말했지만 괜히 미안했다. 이듬해에 서류를 보완하여 다시 도전했으나 또 미끄러지고 말았다.

선배는 3수 만에 올해 책을 펴냈다. 눈에 익은 글이 많았지만 책으로 묶은 걸 연결하여 읽으니 느낌이 또 달랐다. 수필은 나를 너무나 많이 드러내어 불편하기도 하지만, 그게 매력이다. 말하지 않으면 알 수 없는 지극히 사적인 이야기를 따라가다 보면 저절로 고개가 끄덕여지고, 공감하게 된다. 바로 그게 글, 특히 수필의 힘일 것이다.

1부는 '인연 따라', 2부는 '사는 일', 3부는 '새로운 바람', 그리고 마지막 4부는 산티아고 순례길 이야기가 중심이 된 '바로 지금이야'의

소주제를 달고 있었다. 각 부에 열다섯 편씩, 모두 예순 편의 글이 실렸다. 문학의 향기를 함께 나누는 벗에게 준다는 글귀가 책의 속지에 적혀 있었다. 선배가 있었기에 글쓰기의 세계에 들어설 수 있었다. 부족한 부분을 채우면서 함께 성장할 수 있었다.

'어디서 왔을까 따라가다 보면 모든 게 연결되어 있다'고 그녀는 썼다. 초임 발령지에서 만난 친구 언니가 내 오랜 문우가 되어 여기까지 왔다. 지난 35년간 그랬던 것처럼 그만큼의 시간이 흘러도 같은 자리를 지켰으면 좋겠다. 이제 그녀는 오래 머문 교단을 나와서 자유인이 되었다. 드문드문 보이는 흰머리가 멋스럽다. 그 어느 때보다 편안해 보이는 그녀의 2집, 3집 수필집을 기다린다.

이남옥 작가의 첫 수필집 『바로 지금이야!』 출간을 마음을 다해 축하한다. (2024)

신조어? 신조어!

　퇴근 후 딸아이가 운영하는 카페에 들렀다. 손님이 딱 한 명뿐이다. 저녁을 먹기에는 이른 이 시간은, 늘 한가하다. 딸 덕분에 손님이 있고 없고에 따라 희비가 엇갈리는 자영업자의 비애를 실감하고 있다. 최근 들어 유독 불안한 시국과 어려워진 경제가 자영업자에겐 직격탄이 된 듯하여 볼 때마다 안타깝다.

　그런데 그 손님이 낯이 익다. 서로 눈인사 나눌 사이는 아니지만 이 공간에서 여러 번 본 적이 있다. 그는 주로 노트북을 앞에 두고 화면을 본다. 간혹 전화를 받는다. 영어로 말한다. 영어 울렁증이 있는 나로서는 뭔 말인지 하나도 모르겠으나, 유창하게 잘하는 건 확실하다. 외국인인가? 수염은 길렀으나 얼굴은 토종 그 자체다. 남들 일할 시간에 한가하게 카페에 오는 걸 보면 회사원은 아닌 듯하고, 프리랜서인가? 혼자서 소설을 쓴다. 딸아이는 이런 날 보고 쓸데없는 오지랖이라고 놀리곤 한다.

　딸아이가 카페를 차린 지 만 3년이 다 되어 간다. 집과 가까운 곳이라 하루에도 몇 번씩 풀 방구리의 쥐처럼 들락거리지만 나는 커피 한 잔 내릴 줄 모른다. 아무나 주방에 들어오면 너무 비전문적으로 보인다나, 어쩐다나. 가게를 열면서 주방에 얼씬도 하지 말라는 게 딸이 내민 조건이다. 오, 그렇담 나야 감사하지. 전업주부도 아니고, 아직은 직장인인데 말이야.

아주 많이 바쁠 때 앞치마 두르고, 마스크로 얼굴을 가린 채 설거지 한두 번 한 게 전부라서 지금까지는 그 조건을 잘 지키고 있다. 철저히 손님으로만 찾아가 차를 주문하고 신문을 보거나 책을 읽는다. 이런저런 모임도 여기서 하는지라 사생활이 노출된 건 좀 아쉽다. 딸 가게지만 커피 한 잔 공짜로 마신 적이 없다. 오죽하면 카페 알바생에게 부모 자식 간에 이렇게 철저히 계산하는 건 처음 본다는 말도 들었다.

딸아이가 탁자로 음료를 가져오자 "저 사람 또 왔네?"라고 물었다. "응, 저 사람 우리 카페 지박령(地縛靈)이야." "뭐라고, 지방령?" 분명 한국어인데 무슨 뜻인지를 몰라서 되물었다. "엄마, 지박령 몰라?" 앞뒤 문맥으로 봐서 의미는 짐작하겠는데 처음 듣는 말이다.

이럴 땐 표준국어대사전에서 찾아야지. "엄마, '지방령'이 아니라 '지박령'이라고요." 검색어를 입력하는 나를 보고는 딸이 말했다. 뜻을 모르니 철자도 틀릴 수밖에. 사전에는 올라 있지 않았다. '자신이 죽은 곳을 떠나지 못하고 죽은 장소를 계속 맴도는 영혼'이라고 검색 창에서 찾을 수 있었다. 사무실 지박령은 '야근 등으로 퇴근하지 못하고 장시간 사무실에 머무는 직장인을 지박령에 비유하여 이르는 말'이라며 용례도 친절하게 덧붙여 있었다. 익숙한 그 손님은 지박령이 분명하다.

몇 년 전에 세계적 권위를 인정받는 영국 옥스퍼드 영어 사전에 한국어 표제어 26개가 한꺼번에 등재되어 화제를 모은 적이 있다. 대박, 케이(K)-드라마, 치맥, 먹방, 한류, 김밥, 잡채, 동치미, 삼겹살, 갈비 등이 그것이다. 이 중 몇 개나 국립국어원에서 발간한 표준국어대사전에 있을까? 케이(K)-드라마, '먹방'과 '치맥'은 찾을 수 없었다. 외국의 사전에도 있는 낱말을 우리가 표준으로 삼는 사전에 없다는 건 아쉽지만 하루가 다르게 늘어나는 신조어와 줄임말을 모두 싣기에는 어려움이 있는 것도 사실이다.

딸아이는 젊은이(30대)답게 카페 홍보에도 신경을 많이 쓴다. 인스타그램에 정기적으로 소식을 올리는 건 기본이고, 방문자나 블로그 리뷰 문장 하나에도 촉각을 곤두세운다. 며칠 전에 '느좋'이라는 말을 아느냐고 내게 물었다. 처음 듣는 말일뿐더러 발음조차 어색하여 몇 번을 되물었다. "엄마, '조'에 'ㅎ' 받침을 넣는다고요." 딸은 리뷰에 그 말이 자주 보이길래 '너무 좋다'는 뜻인 줄 알았는데, '느낌이 좋다'는 말의 줄임말이더란다. 같은 젊은이들끼리도 이처럼 뜻이 안 통할 때가 있는데 하물며 나 같은 기성세대는 말해 무엇하리. 자칫 욕처럼 들리는 이 말을 왜 유행처럼 쓰는지 알다가도 모를 일이다.

종종 들르는 블로그와 텔레비전 영상, 예능 자막에서 자주 눈에 띄는 낱말로 '그 잡채'라는 말이 있다. '사랑스러움 그 잡채', '완전 어신 그 잡채' 등이 그것이다. 요리 프로그램도 아닌데 잡채라니. 처음에는 '그 자체'의 오타인 줄 알았다. 음식 종류인 잡채와 발음이 비

숫한 데서 착안하여 쓰지만 그 의미는 전혀 상관이 없는, 신조어라는 걸 나중에야 알았다.

영원한 건 없다. 자연도, 사람도 시간이 지나면 변한다. 올해 다시 핀 매화꽃이 작년의 그 꽃은 아니다. 평생을 약속한 사랑도 시간이 부리는 마술로 닳아서 엷어지고 삭는다. 언어도 그렇다. 언제, 왜, 어떤 이유로 만들어졌는지 밝혀진 유일한 언어, 한글을 만든 세종대왕이 울고 갈 판이라고 한탄하는 이도 있지만, 세상에 영원한 게 없다는 건 너도 알고 나도 아는 사실이 아닌가. 사람들 생각이나 의식에 따라 바뀌고 흐르는 건 당연지사지만 그 속도가 너무 빨라 숨이 가쁘다.

점심을 먹고 학교 주변을 한 바퀴 돌았다. 모처럼 봄 햇살이 따사롭다. 들어오는 길에 현관 앞에서 한 무리의 6학년 여학생을 만났다. 한 아이가 인사를 하니, 곁에 있는 키 작은 여학생이 "선생님, 쌈뽕하시네요!" 한다. 양손으로 엄지 척 하는 걸 보면 욕은 아닌 것 같은데.

아이고, 저 말은 또 무슨 뜻이람? (2025)

쌀값이 이상해

태풍이 지나자 가을이 성큼 다가왔다. 역대급 태풍이라는 힌남노의 거친 바람을 저 연약한 벼들이 어찌 이겨 냈는지 들녘은 풍년을 예고하듯 온통 노란 물결이다.

지난 추석에 차례상에 올리려고 햅쌀을 샀다. 영수증을 확인하고는 깜짝 놀랐다. 철보다 이른 시기이건만 5kg의 쌀 한 포대가 12,000원이었다. 자장면은 두 그릇, 내가 즐겨 먹는 파스타 한 그릇 값도 안 되는 가격이다. 차례를 지내면서 어른 열 명이 먹고도 남을 양의 밥을 했는데도 쌀은 5분의 4가량이 남았다.

쌀 산업이 벼랑 끝이다. 2021년산 벼가 창고마다 가득 쌓여 있는데 올해도 풍년이 예상되어 남은 쌀을 어떻게 할 것인지 걱정하는 뉴스를 보았다. 급기야 농민들은 거리로 나섰다. 일부 지역에서는 수확을 1개월여 앞두고 볏논을 농기계로 갈아엎었다. 삭발을 강행하고, 농기계를 앞세우고 시위를 이어 간다. 그도 그럴 것이 물가는 폭등하는데 쌀값은 어찌 된 일인지 전년보다 무려 24%가 내렸다. 인건비, 기름값, 비료와 농약까지 농자재 값은 천정부지로 올랐다.

밥상 물가도 뛰었다. 나 역시 마트에 가서 물건을 들었다 놓은 적이 있다. 천 원 남짓이면 살 수 있던 애호박 하나가 3천 원이 되었다. 배추 한 포기가 만 원으로 '금 배추'가 되었다. 그러나 쌀값은 45년 만에 최대치로 폭락했다.

나는 농촌에 살지만 농민의 자식은 아니다. 우리 집도 한때는 땅이 있었다. 할머니, 할아버지와 함께 살았던 초등학교 4학년 이전에는 농사를 지었다. 할아버지가 돌아가시자 물을 대기 쉬웠던 위쪽은 큰아버지가, 천수답이라 수확이 넉넉잖던 아래쪽 논은 아버지가 물려받았다. 그런데 어느 해 태풍에 집 한쪽이 무너져서 집을 새로 지어야 했고, 유일한 재산인 논을 팔 수밖에 없었다. 그때부터 농촌에 살지만 땅 한 뙈기 없는 빈민이 되었다.

늦가을이면 옆집 처마에는 80kg 벼 가마 더미가 천장까지 닿았다. 앞집 백 선생 집도 그랬다. 엄마는 새벽부터 밤늦게까지 몸이 부서져라 일했지만 우리 남매 넷을 배불리 먹이지 못했다. 엄마 월급 반 이상이 쌀값으로 나갔다. 엄마는 정당한 노동의 대가인데도 주인에게 늘 아쉬운 소리를 해야 했다. 한 번도 월급 전부를 받아 본 적이 없었다. 수시로 가불했기에 때로는 3분의 2, 어떤 달에는 반만 받은 적도 있다고 했다. 쌀값은 너무 비쌌고, 별다른 군것질거리가 없어 삼시 세끼에 먹는 밥이 전부였던 우리는 늘 허기졌다.

엄마는 돌아가시기 전까지도 1년치 쌀을 한꺼번에 들였다. 벌레 생긴다고, 좁은 방이 더 좁아진다고 우리는 질색했지만 그래야 행복하다는 엄마 말에 토를 달지 못했다. 아버지 대신 살림을 챙기느라

늘 고단했던 엄마. 쌀독에 남은 쌀을 가늠할 때마다 엄마 속은 얼마나 타들어갔을까. 작은외삼촌은 가을걷이가 끝나면 경운기에 쌀 80kg을 싣고 왔다. 그 은혜를 기억하여 우리 남매는 그분이 돌아가시기 전까지 찾아뵈었다.

직원 중 한 명이 농사를 짓는다. 시아버지가 돌아가시자 남에게 임대해 주었다가 올해부터 본인들이 짓는단다. 몇 년 동안 묵힌 땅이라 새로 흙을 채우고, 농협에서 모판과 우렁이를 사서 친환경 인증을 받았다. 검사비 63만 원을 포함하여 지금까지 모두 2백만 원이 들었다. 수확기에 콤바인을 빌리려면 또 돈이 든단다. 과연 세 마지기에서 수익이 얼마나 날까? 힘들게 일하고 오히려 빚만 지게 생긴 판에 어느 젊은이가 농사를 짓겠는가 의문이다.

우리나라 식량 자급률은 30%에도 미치지 못한다. 유일하게 자급자족하는 것이 바로 쌀이다. 그런데도 농촌의 상황은 날로 어렵다. 우크라이나 전쟁에서 보듯이 어느 한쪽이 문제가 생기면 그 파급효과는 지구촌 전체에 미친다. 식량이 무기화되는 것도 한순간이다. 어른들 떠나면 이 농촌은 누가 지킬 것인가. 정부는 또 물가 관리의 희생양을 쌀로 삼을 모양이다. 창고마다 작년 쌀이 그득그득 쌓여 있다는데 또 수입한단다. 이래저래 농부의 한숨 소리만 늘어 간다.

밥공기 한 그릇의 원가가 220원이다. 우리는 하루 동안 쌀에는 460원, 커피를 사 마시는 데는 600원을 쓴다. 지난 40년 동안 국립대 등록금은 열아홉 배, 서울 지하철 기본요금은 열일곱 배 올랐는데, 쌀은 겨우 세 배가 뛰었을 뿐이다. 식생활의 변화로 쌀 소비량이 예전 같지 않다지만 그래도 이상하다. 그처럼 귀했던 쌀이, 배부르게 먹어보는 게 소원이던 그때로부터 몇십 년이나 지났는데 여전히 그 가격인지 참말로 이상하다. (2022)

평화로운 일상을 그리며

처음부터 그를 믿지 않았다. 덩치가 큰 만큼 하는 말도 무거웠으면 좋으련만 아니었다. 무엇보다 그는 양지에서만 살았다. 정치 초보지만 혜성처럼 등장하여 기똥찬 운으로 지금의 자리에까지 올랐다. 또 자식도 없었다. 이기적인 인간이 자신의 모든 걸 내어 주는 순간이 있다면 그건 자식을 키우면서 견디는 일일 것이다. 그 숭고하고 지난한 일을 해보지 않은 사람이 지도자가 되면, 입으로는 역지사지를 외치겠지만 실천으로 이어지기를 힘들겠다는 생각이 들었다. 머리로 이해하는 것과 가슴으로 느끼는 건 전혀 다른 차원의 문제다.

작은 모임의 반장만 되어도 자신의 밥그릇을 챙기는 일을 먼저 하면 속이 보인다. 꼭뒤가 부끄럽다. 몇 안 되는 회원일망정 의견을 모으고, 협의하여 민주적으로 일을 하려고 애쓴다. 설사 마음에 맞지 않는 이가 있더라도 드러내놓고 적대시하지는 않는다.

그러나 그는 국민이 뽑은 반대편 지도자와 제대로 된 회담 한 번도 하지 않았다. 오직 자신이 믿는 대로, 자기편만 데리고 직진했다.

수시로 공정과 상식, 자유를 외치지만 그 잣대가 고무줄이라는 건 온 국민이 알고도 남았다. 가족의 치부를 덮으려고 권한도 여러 번 남용했다. 눈 가리고 아웅 하는 식이었다. 초등학교 어린이도 믿지 않을 궤변을 수시로 늘어놓았다. 말투는 거칠었고, 상스러웠다. 부끄러움은 국민 몫이었다.

자기 잘못을 인정할 줄 몰랐다. 늘 자기가, 자신의 편이 옳다고 우겼다. 다른 의견을 내는 이를 대놓고 배척했다. 포용하는 미덕은 볼 수 없었다. 그 분야의 최고 전문가를 불러서 의견을 듣거나 요직에 앉힐 수 있는 권력을 쥐었으면서도 공부하지 않았다. 남은 임기 동안 어찌 견디나. 나라 걱정하는 국민이 갈수록 늘어갔다. 국격은 떨어지고 정치는 40여 년 전으로 후퇴했다. 번질나게 나가는 외국 순방에서 이번에는 또 무슨 사고를 치고 오려나, 물가에 내놓은 아이처럼 불안했다.

그날은 글쓰기 수업이 있는 데다 올 1년간 아이 가르친 사례를 전국 단위 기초학력 모임에서 발표해야 하는 날이어서 이 방 저 방 찾아다니느라고 바빴다. 세 시간을 내리 컴퓨터만 쳐다보고 있었더니 피곤이 몰려왔다. 주말에도 여고 친구들과의 여행으로 쉬지 못한 터라 더 그랬다. 낮에 보지 못한 기사나 읽을까 싶어 휴대폰을 열었더니 세상에, 계엄이란다. 처음에는 농담인 줄 알았다. 곧이어 무시무시한 포고문이 발표되었다. 언론과 방송은 사전 검열을 받아야 하며 민간인도 영장 없이 체포와 구금이 가능하다고 했다. 처단한다는 말도 버젓이 쓰여 있었다.

국회 담을 넘는 국회의원, 총을 든 군인 앞을 맨몸으로 막아서는 국민, 도움을 청하는 야당 대표의 다급한 목소리가 생중계로 전해졌다. 게엄이라니? 잊고 있던 기억이 떠올랐다. 내 친구 두 명은 책꽂이에 불온서적 책이 꽂혀 있었다는 이유 하나로, 1개월 정학을 당했다. 친한 사람들끼리 이야기를 나눌 때도 누가 듣는 사람은 없나 두리번거려야 했다. 무서웠다. 그 시대를 살아본 자만이 느끼는 공포였다. 그래. 시절이 좋아져서 까마득히 잊고 있었구나. 어떻게 지켜 온 민주주의인데. 내 안에 알게 모르게 게엄 트라우마가 있다는 것도 생생하게 느껴졌다. 우리나라는 어디로 가고 있는 걸까, 체한 듯 가슴이 답답했다. 그 밤은 잠들기 어려웠다.

MBC(엠비씨)에 채널을 고정했다. 그동안 맺힌 걸 풀기라도 하는 듯, 정규 프로그램을 모두 멈추고 탄핵 정국에 초점을 맞춰 보도를 이어 갔다. 국민이 궁금해하는 걸 다방면의 전문가를 초청하여 읽어 줬다. 어서 그 자리에서 내려와야 할 텐데, 또 무슨 짓을 저지를지 하루하루가 불안했다. 그는 견디다 못했는지 하루는 사과문, 또 며칠 후엔 담화문을 발표했다. 사과는 짧았고, 담화는 몇 배나 시간이 늘어졌다. 그조차 온통 핑계와 변명투성이였다. 어마어마한 일을 벌여 놓고는 경고용이란다. 역시 그는 역지사지 못 하는 사람이었다. 눈치도 없었다. 불난 집에 기름을 부었다. 온 나라가 들끓었다.

무기력에 빠졌다. 일상을 이어 가기 힘들었다. 나는 신문도 뒤에서부터 읽는다. 똑똑한 사람들이 세상 돌아가는 이야기를 어떤 식으로 풀어내는지 궁금해서 사설과 오피니언을 먼저 훑는다. 그러다 보니 정치면까지 넘기지도 않고 신문을 덮어버리기 일쑤다. 그런데 정치가, 개인의 삶에 얼마나 큰 영향을 미치는지 이번에 똑똑히 알았다.

한고비를 넘겼으나 불쾌감은 가시지 않았다. 광장에 모인 국민의 목소리를 그들도 들었다면 이탈표가 적어도 30표는 되지 않을까 예상했다. 아슬아슬하게 넘긴 결과를 보면서 앞으로가 걱정이 되었다. 귀를 막고 사는 사람이 이 나라의 지도자를 하고 있는 현실이 개탄스럽다. 역사는 결국 정의롭게 움직인다는 걸 믿지만 그 길이 녹록지 않은 게 보여 안타깝다. 얼마나 또 에너지를 들여야 나라가 다시 평화로워질 것인가.

불안한 연말이다. (2024)

선한 영향력

두 손을 모았다. 교회도 다니지 않는 내가 이토록 간절하게 기도한 적이 있었던가. 지난 3년간 이어진 국민 피로도는 극에 달했다. 풍전등화 위기에 놓인 나라 운명이 오늘 선고에 달렸다는 절박함에 저절로 그리되었다. 2박 3일 연수의 마지막 강의가 예정되어 있었지만 중요한 판결을 앞두고, 강사의 양해를 얻어 만들어진 시간이었다. 텔레비전을 바라보는 연수생 대부분이 나와 같은 마음이었는지 표정이 비장했다.

"피청구인 대통령 윤석열을 파면한다." 강의실에 함성이 터졌다. 옆 사람과 손바닥을 부딪치고 환호성을 질렀다. 괜히 눈물이 찔끔 났다. 이 한마디를 들으려고 지난 몇 달간 얼마나 많은 사람이 추위에 떨며 광장에서 날을 샜던가. 이해하기 쉬운 문장으로 조목조목 탄핵 반대자들의 주장을 반박하는 그가 구세주처럼 든든했다.

화면으로만 보았던 그를 대면한 건 지난 4월이었다. 전라남도 교육청에서 그를 학생 자치 활동과 연계하여 부른 것이다. 교직원뿐만 아니라 학생과 학부모까지 성황을 이뤄 446석의 공연장이 꽉 찼다.

계단에 앉은 사람도 있었다. 생각했던 것보다 키가 커서 놀랐다. 수줍어 보이는 첫인상과 달리 조리 있게 말도 잘하고 위트가 넘쳐서 청중을 여러 번 웃겼다. 처음부터 그를 선의로 바라보는 데다 강의가 좋아서 좌중을 사로잡으니 그의 한마디 한마디가 귀하게 가슴에 와 닿았다.

오랫동안 블로그를 해 왔다는 걸 강연을 듣고 알았다. 나도 한때 블로그를 한 적이 있기에 그날 밤에 〈착한 사람들을 위한 법 이야기〉에 들어가 보았다. 친구들과 산행한 이야기, 책 읽고 쓴 독후감이 많았다. 글에 어울리는 사진이 없는 건 좀 아쉬웠으나 바쁜 틈틈이 꽤 오랫동안 글을 쓴 게 대단하게 여겨졌다. 검색 창에 영상 여러 개가 따라왔다. 김장하 선생의 깜짝 생일잔치에서 감사를 표하면서 울먹이거나, 헌법재판소 재판관이 되기 전 청문회 장면을 보면서 그를 조금 더 이해할 수 있었다. '아, 이 사람은 정말 착한 사람이구나.' 이런 공직자도 있다는 게 신선한 충격이었다.

그는 나와 나이가 같다. 학번은 그가 한 학년이 위지만 비슷한 시기에 학교에 다녔고, 가난한 가정의 맏이로 어려운 형편에서 공부했다는 공통점이 있다. 참고서와 자습서를 친구한테 빌려 보거나, 친척의 교복을 물려 입은 건 내 이야기이기도 했다. 태어난 곳도 섬진강 물길만 건너면 지척이라 더 친근하게 느껴졌다.

그가 이번에 책을 냈다. 1998년부터 2025년까지 블로그에 올린 글 1,500편 중에서 120편을 추려 『호의에 대하여』에 담았다. 그의 강의를 듣고, 블로그에 올린 글 몇 편을 읽은 사람으로서는 다소 심심했다. 문제가 될 소지가 있거나, 누군가에게는 불편한 내용은 다 빼고 추리다 보니 그랬을 거라는 짐작은 갔다.

그는 사법 연수생 시절 내일신문 사장으로부터 법조인이 되면, 꼭 초등학교나 중학교 동창을 1년에 한두 번은 만나라는 조언을 들었다. 고시에 합격하여 판사나 검사로 임용되는 순간부터 꽃길이 열린다. 우리 시대의 엘리트 집단에 편입하여 '영감'으로 대접받는다. 만나는 사람도 노는 물도 한층 업그레이드된다. 사람은 쉽게 환경에 적응하는 동물이라 개구리 올챙이 적 잊기가 쉽다. 그가 나쁘거나 기억력이 떨어져서가 아니고, 상황과 환경에 따라 쉽게 변하는, 연약한 인간이기 때문이다.

스탠포드 대학교 심리학과에서는 평범한 대학생 24명을 모집해서 무작위로 간수와 죄수로 역할을 나눠 지하실에 마련된 모의 감옥에서 실험을 진행했다. 참가자들은 처음에는 장난스럽게 자신의 역할을 연기했다. 하지만 시간이 지날수록 간수 역할을 맡은 학생들은 점점 강압적이고 폭력적으로 변해 갔고, 죄수 역의 학생은 무기력해지거나 스트레스 지수가 높아졌다.

놀랍게도 실험 참가자들이 자신의 역할에 아주 빨리 젖어 들었다는 것이다. 단 하루 만에 간수들은 죄수들에게 벌을 주었고, 죄수들은 죄책감과 수치심을 느끼기 시작했다. 심지어 어떤 학생은 실제로 죄를 지은 듯 극심하게 불안을 느끼고, 우울해지기까지 했다. 원래 2주로 계획되었던 감옥 실험은 단 6일 만에 중단되었다. 간수는 너무 잔인해졌고, 죄수 역할의 학생들은 심각한 정신적 고통을 호소하여 상황이 통제 불가능할 정도로 악화되었기 때문이다. 권력자가 얼마나 쉽게 변하고, 그 힘을 남용하는지를 잘 보여 주는 실험이다.

나도 간간이 초등학교 동창회에 나간다. 아파트 관리소장, 시청 공무원, 택시기사, 대형마트 판매원, 보험 설계사 등으로 직업도 학벌도, 사는 형편도 제각각이다. 잘나고 똑똑한 졸업생은 고향 언저리에 살지 않는다. 도시가 그들의 삶터이기에 동창회 만들어진 지 20년이 넘었으나 얼굴 한 번 비치지 않는다. 고만고만한 소시민으로 사는 사람들이 모여서 정담을 나누고 술잔을 부딪친다.

아마도 사장은 앞으로 쭉 이 사회의 지도층으로 살아갈 가능성이 높은 사법 연수생들에게 세상 돌아가는 서민 이야기에 귀 기울이고, 역지사지하라는 의미로 그런 말을 했으리라. 판사, 부장판사, 법원장, 헌법 재판관을 거치는 동안에도 그 조언을 실천하여 자신뿐 아니라 아내까지 부부 동반으로 초등 동창 모임에 참석하고, '언저리 산악회'에 규칙적으로 얼굴을 내미는 문형배는 동창생의 큰 자랑이었을 것이다.

"이 사회는 평범한 사람들이 지탱하는 것이다." 김장하 선생의 말씀을 공직 생활 내내 지침으로 품고 살았다는 문형배 전 헌법 재판관. 김장하 선생, 문영배 재판관이 끼친 선한 영향력이 크고도 깊다. (2025)

5부

늦가을 소풍

여고 친구들과 일 년이면 서너 번 만난다. 사적 인원을 제한하는 코로나 팬데믹 상황에서는 그조차 어려웠다. 보성 소휴당(주말 주택)을 너무나 좋아하는 친구만 몇 번 다녀갔을 뿐이다. 이번 만남도 넉 달 만이다. 장성호 수변공원 둘레길을 걷자고 제안했다. 이 모임은 고등학교 졸업을 앞둔 2월에 만들어졌다. 장난처럼 시작한 게 40년 가까이 되었다. 서울에서 케이티엑스(KTX)를 타고 광주송정역으로 오는 미아는 광주 사는 미영이가 마중 가기로 했다. 순천 사는 친구 둘은 나와 같이 간다.

목사인 숙이는 공주에서 온다. 부천의 큰 교회 부목사를 하다가 교인들끼리의 싸움에 휘말려 모든 것을 뒤로하고 낙향했다. 서른 가구가 채 안 되는, 그래서 교회도 없는 작은 마을에 터를 잡았다. 몇 년 지나지 않아 평균 연령 80세인 그곳의 부녀회장이 되어 세상에서 제일 바쁜 목사가 되었다. 마을 노인들 아프면 자식들에게 보고하랴, 모시고 병원 가랴, 마을 회관 둘러보랴, 읍에서 하는 이런저런 행사에 참여하랴, 예배 준비하랴, 24시간이 모자라게 뛰어다닌다.

그뿐이랴. 두 분의 어머니를 모시고 살았는데, 작년에 친정어머니가 돌아가셨다. 그런데 얼마 전부터 시어머니가 기저귀를 찬다. 두 어른 뒤치다꺼리하느라고 1박 2일 친구들 모임을 온전히 즐기다 간 적이 한 번도 없었다. 서둘러 와서 몇 시간 머물다 돌아가기 바빴다. 숙박비가 들지 않고, 먹거리 풍부하고 익숙한 보성이냐, 숙이에게 조금 더 가까운 장성이냐를 놓고 저울질하다가 장성을 최종 목적지로 정했다. 보성이 아닌 지역에서의 1박은 정말 오랜만이다.

장성호 수변길은 두 갈래다. 왼쪽으로 가면 다리가 두 개나 있어서 지루하지 않고 멋스럽다. '옐로우 장성'이 군의 슬로건이다 보니 다리는 온통 노란색이다. 3,000원의 입장료를 내면 '장성사랑 상품권'으로 되돌려 주는데 출렁다리 옆의 편의점과 카페, 분식점에서 고스란히 쓸 수 있다. 아마추어 음악인들의 공연도 매주 이어지기에 차를 마시면서 바다처럼 넓은 장성호의 낭만을 느낄 수 있다.

오른쪽 길은 울창한 숲을 끼고 있다. 처음부터 끝까지 그늘이라 여름에도 걷기 좋다. 두 길은 지금은 따로따로지만 머잖아 중간에 다리를 놓을 예정이란다. 또 호수를 한 바퀴 도는 34㎞의 '장성호 수변 100리길'을 만들 계획이라 한다. 그때가 되면 아마 또 하나의 명품 둘레길이 될 것이다.

우리는 오른쪽 길을 걸었다. 커다란 떡갈나무 잎사귀의 바스락거리는 소리가 듣기 좋았다. 아쉬운 건 가뭄이 심해서 수량이 많지 않다는 점이다. 광주는 제한 급수를 할지도 모른다는 말이 돈단다. 지난 힌남노 태풍 이후 비다운 비가 오지 않아 걱정이라는 방송을 들었지만 직접 눈으로 보니 더 심각했다. 만조에 비해 수위가 2미터 이상 낮아진 것 같았다.

예상대로 친구들은 무척이나 좋아한다. 늘 한두 명은 빠졌는데 간만에 여섯 명이 다 모여서 더 그랬다. 준비해 간 대추차와 소금빵을 나눠 먹으며 풍경 좋은 곳에서 쉬었다. 다시 소녀가 된 듯 쌓인 낙엽을 뿌리며 뛰는 설정 사진도 찍었다. '하나, 둘, 셋' 구령을 외칠 때마다 포즈를 달리하라고 주문했다. 삼각대를 준비해 가기 잘했다. 가장 젊은 오늘을 맘껏 즐겼다.

돌아오는 길은 멀었다. 시간은 오후 한 시가 지나 있었다. 비닐봉지에 담긴 멜론을 손가락으로 집어먹었다. 친구 한 명은 국물까지 마셨다. 한두 조각 먹으니 오히려 더 허기졌다. 맛집이라고 소문난 식당을 검색해서 갔는데 허탕이다. 열두 시까지만 손님을 받는단다. 멀리 식당 간판이 보이기에 무조건 그곳으로 향했다. 밑반찬의 종류도 다양하고 깔끔했으며 맛도 있었다. 본 음식이 나오기도 전에 몇 접시를 갖다 먹었다. 구워서 나오는 돼지갈비 맛도 일품이다. 꿩 대신 닭에 모두 만족한 한 끼었다.

찻집에 갔다. 오래전에는 모텔이었던 곳을 개조해서 꾸민 카페 2층은 미술관이었다. 일렬로 나란히 앉아 창밖을 바라볼 수 있는 3층에 자리 잡았다. 황룡강이 한눈에 들어왔다. 풍경 맛집인데도 자꾸만 졸음이 쏟아졌다. 아침부터 서둘러 온 데다 오랜만에 만 3천 보가 넘게 걸은 탓이다. 꾸벅꾸벅 졸았다. 우리 말고는 아무도 없었다. 아무런 흉이 되지 않는 편한 친구 여럿이 든든하게 보디가드가 되어 준 덕분에 꿀잠을 잤다.

20여 분을 달려서 숙박지에 도착했다. 2주 전에 에어비엔비로 겨우 구한 방은 소휴당 안방 크기밖에 되지 않아서 실망스러웠다. 두 명이 누우면 꽉 차는 다락방이라도 있어서 다행이다. 이번에 낸 수필집을 한 권씩 돌렸다. 가까이 사는 친구 한 명만 출판 기념회에 왔기 때문이다. 소설가가 아닌 이상 결국은 내가 보고 듣고 느낀 이야기로 책을 엮다 보니 친구들 이야기도 책에 여러 편 실렸다. 두 편을 골라 돌아가면서 소리 내어 읽었다. 귀로 들으니 색다른 맛이 난단다. 어떻게 이렇게 세세히 기억해서 쓸 수 있는지 놀라워한다. 글이 글을 부른다고 대답했다.

바로 앞에 있는 카페도 문을 닫았다. 뭘 사 먹으려면 다시 그만큼을 달려 읍내까지 가야 한단다. 주인한테 라면 세 개를 얻어 끓이고, 낮에 수변길 마켓에서 산 감과 집에서 챙긴 와인을 반주 삼아 저녁을 먹었다. 늦은 점심으로 밥 생각이 없다는 친구까지 합세하여 마파람에 게 눈 감추듯이 해치웠다. 밖에서는 고기 굽는 냄새가 솔솔 풍겼다. 거하게 먹으려던 저녁은 물 건너갔지만 '수다'라는 양념이 더해져 그조차 맛있었다.

제각각 편한 자세로 누워 음악을 들었다. 나중에는 따라 불렀다. 찻집에서 헤어진 숙이가 잘 도착했다는 메시지를 보내왔다. 단 여섯 시간 머물려고 네 시간을 운전한 숙이가 대단하다. 그래도 너무 늦기 전에 도착해서 다행이다. 다락에 한 명, 아래층에 넷이 누우니 방이 가득 찬다. 공기가 좋아선지 낯선 방에서도 다들 잘 잤다.

소휴당에서는 거의 외식하지 않는다. 저녁도, 아침도 요리해서 먹는다. 텃밭에서 딴 채소에 수산물 위판장에서 산 제철 해산물이면 한 상을 뚝딱 차릴 수 있다. 이번 장성 여행에서는 다 사 먹기로 했다. 그런데 가게가 있어야 말이지. 부대 시설이 전혀 없는 산속이라는 걸 도착해서야 알았다. 먹고 남은 과일과 빵 약간으로 아침을 때웠다. 냉장고에 넣어 둔 멜론 한 통과 샤인머스캣 두 송이는 깜박했다는 걸 집에 와서야 알았다. 먹을 게 별로 없었던 그 아침에라도 기억했어야 했는데 글 쓰는 지금 생각해도 아쉽기만 하다.

친구가 좋다. 다들 같은 마음인지 먼 길 마다하지 않고 기꺼이 달려온다. 대체로 여자들의 모임은 남자들보다 *끈끈함*이 약하다. 결혼과 육아의 터널을 지나는 동안 친구는 후 순위로 밀린다. 50대가 되자 비로소 자유로워졌다. 하루쯤 집을 비워도 눈치 보지 않고, 학창 시절을 공유했기에 화젯거리도 끊이지 않는다. 이 친구들과 건강하게, 오래오래 함께 익어 가고 싶다.

좋은 친구들과 늦가을 나들이 한번 잘했다. (2022)

킬리만자로,
바오바브나무 그리고 탄자니아

아프리카에 다녀왔다. 교회 목사님, 스무 명이 넘는 교인들과 탄자니아에 선교 봉사 활동을 가는 친구를 따라갔다. 교회도 다니지 않는데 국내도 아니고 아프리카까지, 게다가 다른 교인들과 섞여 선교 여행이라니. 의아하게 생각하는 지인이 많았다. '교회 다니는 사람과는 친구하지 않는다'를 넘어 '아내가 교회 다니는 순간 이혼이다'고까지 말하는 남편과 살기에 그에게 사실을 밝힐 수도 없었다. 할 수 없이 오랜 친구를 팔아 그녀들과 여행 간다고 꾀를 냈다.

일요일마다 교회 차량을 운전하는 친구 남편 그리고 그들의 두 자녀에다 젊은 시절 선교사가 되고 싶었다는 그녀의 여동생, 우리 둘까지 친구 꼬리에 달린 사람이 일곱이나 되었다. 도하를 경유, 아프리카 케냐 공항에 내렸다.

그곳에서 미리 기다리고 있던 중형급 승합차 두 대에 나눠 타고 다섯 시간을 달려 탄자니아 아루샤에 도착했다. 그 도시의 킬리만자로 공항에 바로 닿는 비행기도 있었지만 짐 때문에 육로로 이동할 수밖에 없었다. 차 지붕에 끝도 없이 짐을 실었다. 아루샤는 근처에 아프리카에서 가장 높은 킬리만자로 산뿐만 아니라 세렝게티, 응고롱고로 분화구와 같은 사파리 여행의 중심이 되는 곳이어서 관광도시로 유명하다.

주민들이 주로 쓰는 스와힐리어를 한마디도 못 하면서 무슨 선교를 하랴. 선교사가 사는 모습을 살피고, 의료 시설과 치안이 좋지 않아 여러 위험에 노출된 그들을 위로하는 게 이번 여행의 목적이었다. 친구가 다니는 교회는 헌금의 일정 부분을 떼어 유치원이나 학교, 고아원을 운영하는 선교사를 후원한 지 여러 해다.

그러다 보니 화물칸에 실을 수 있는 인당 40kg의 짐은 선교용 물품을 싣는 데 양보하고, 우린 기내용 가방 하나에만 소지품을 챙겨야 했다. 컴퓨터나 노트북, 크레파스나 색연필 등의 교육 기자재나 학용품, 샴푸, 화장품, 화장지, 칫솔 등의 생필품, 깨나 고춧가루, 간장, 된장 등의 먹거리가 화물칸에 담겼다. 오지에 사는 선교사를 후원하는 교회는 많다. 재정이 튼튼한 교회는 교인 중에서 선발하여 직접 파송하고 지원을 아끼지 않는다(이 역시 그때 처음으로 알았다. 파송이라는 말도). 그런데 대다수가 책상을 놓고, 창문을 수리하거나 컴퓨터를 지원하는 등 눈에 보이는 시설 투자에 돈을 쓴다. 재정의 일정 부분을 해외 선교 사업에 쓰는 이 교회는 선교사 개인의 생활을 돕는 데 초점을 맞췄다.

지역별로 선교사들이 흩어져 있기에 몇 군데를 돌면서 관광을 겸했다. 식사는 그들이 성의껏 준비한 한식이었다. 잡채나 김밥도 있었다. 그때만 해도 우리나라에서는 비싸게 팔리던 열대과일 망고가 특히 맛있었다.

　일요일에는 오랜 가뭄으로 먼지가 풀풀 날리는 비포장도로를 한 시간 반 달려 마사이족 교회에 갔다. 에어컨도 없는 차 안은 무지무지 더웠으나 먼지 때문에 창문을 열 수도 없었다. 아프리카 내에서도 그들의 고유한 문화와 전통을 지키며 살아가는 마사이 교회는 허허벌판에다 창고처럼 보이는 건물 한 동이 전부였다. 빨강이나 주황의 긴 보따리를 어깨에 둘러 한쪽 어깨는 가리고 다른 쪽은 그대로 내놓은 아이들이 적어도 백 명 이상 모였다. 하루에 한 끼밖에 못 먹는 아이도 많단다. 예배가 끝나고 주는 옥수수 가루가 욕심나서 온 사람도 있을 것이다.

　예배가 열리는 날은 그들의 잔칫날이다. 마당 한쪽에 솥을 걸고 염소를 삶았다. 접시 하나에 밥과 탕을 담아 주니 손으로 집어 먹었다. 한국 교인들이 내는 특식이 있는 날이라고 소문이 났는지 다른 날보다 많이 모였다고 했다. 다른 반찬 아무 것도 없이 밥에 카레를 넣어 조리한 염소탕 하나를 맛나게 먹는 아이들을 보면서 우리가 얼마나 가진 게 많은지 깨달았다. 그늘 하나 없는 땡볕에서 점심을 먹으면서도 칭얼대는 아이 한 명이 없었다.

　식사가 끝나자, 우물가(우물도 교회에서 팠다고 했다) 주변에서 공을 차며 놀았다. 조금만 움직여도 먼지가 폴폴 나는 메마르고 건조한 땅이었다. 순한 눈망울로 낯선 우리를 호기심과 두려움이 섞인 눈빛으로 쳐다보는 아이들이 오래 가슴에 남았다. 슬리퍼 사 신을 여유가 없는지 맨발인 아이도 꽤 되었다.

탄자니아 제3의 도시 아루샤에서 비포장과 포장도로를 번갈아 가며 일곱 시간 달려 음카타에 도착했다. 가는 길에 「어린 왕자」에도 나오는 바오바브나무(baobab)를 보았다. 기린 무리를 만난 것도 행운이었다. 야생의 기린은 생각보다 훨씬 목이 길었다. 아프리카라는 게 실감 났다.

음카타는 작은 시골 마을이다. 마을 주민 대다수가 전기도 들어오지 않는 집에서 산다. 가는 길에 방 한 칸 크기의 작은 집에 흙이 그대로 드러난 맨바닥에 이불을 덮고 누운 아이를 보았다. 우물을 파는 데도 돈이 많이 들고, 물이 있는지 없는지도 알 방법이 없으니 주로 빗물을 받아서 생활한다. 그곳에 한국인 선교사 부부가 유치원과 초등학교를 운영한다. 이렇게 말하면 거창해 보이지만 유치원은 교실 두 칸, 초등학교는 한 칸이 전부이다. 물론 교사는 현지인이다. 이슬람이 주 종교인 사람들의 믿음을 파고들기에는 교육이 최고란다. 그 나라의 공교육 수준이 신뢰할 만하지 않기에 이런 교육 사업은 뜻밖에 효과가 높다고 했다.

한국에서 가져간 모기장을 치고 교실 바닥에서 잤다. 사람이 많다 보니 요와 이불이 충분하지 않았다. 바닥의 냉기가 그대로 올라와서 잠자리가 편하지는 않았다. 원래도 물이 귀한 데다 가뭄이 길어서 대지는 메말랐다. 선교사들도 빗물을 받아 정수한 물을 마신다고 했다. 종이컵에 받은 생수 한 잔으로 양치질과 세수를 했다. 햇살은 강하고, 눈을 보호할 선글라스조차 없다 보니 일찍 노안이 온다고 했다.

이튿날엔 유치원 마당에서 돋보기 나눠 주는 행사가 열렸다. 그 동네 사람이 다 모인 듯 200개나 준비했는데 금방 동이 났다. 젊은 아이 엄마까지 와서 손을 내밀었다. 우리가 미국으로부터 구호품을 받을 때도 이랬을까. 학교에서 옥수수빵 받던 오래전 기억이 떠올랐다. 동생을 업고 낯선 외국인 무리를 눈 하나 깜박이지 않고 바라보던 여자아이도 떠오른다.

탄자니아는 아프리카 중부, 동쪽에 있는 나라다. 우리나라 열 배나 되게 넓지만 오랜 사회주의 국가로 경제 발전이 더디다. 평균 수명이 2015년 기준 61.8세에 머문다. 보건 인프라가 부족하고 영아 사망률이 높기 때문이다.

그곳에 다녀온 지 만 12년이 지났다. 여전히 나는 종교가 없다. 아무것도 없는 것은 어떤 것에도 매이지 않는 것. 자유로운 영혼으로 내 식대로 마음을 모은다. 절에 가면 부처님께 절하고 이번 선교 여행처럼 예수님 앞에서도 기꺼이 눈을 감는다.

그렇다고 선교 여행 따라간 게 무의미하기만 한 건 아니었다. 남편과 살면서 나도 모르게 가졌던 편견이 많이 엷어졌다. 백 년도 더 전에 우리나라에 왔던 선교사들이 학교와 병원을 지으며 개화에 힘쓴 것처럼 우리나라 선교사도 지구촌 오지에서 그런 노력을 하고 있었다. 그들은 믿음 하나로 사서 고생하는 사람이었다. 늙고 병들면 돌아올 것이 마땅치 않아 어려움을 겪는 선교사가 있다는 것도 이번에 알게 되었다. 무엇보다 아프리카 속살을 깊숙이 들여다볼 수 있었던 특별한 여행이었다.

다녀온 인연으로 '보길도 총각'인 음카타 선교사로부터 종종 소식을 듣는다. 그 사이 그곳에도 건설 붐이 일고 있단다. 도로가 포장되고, 새 건물이 수시로 들어섰다. 주유소와 슈퍼마켓도 생겼다. 비만 오면 질척이던 시장도 새 단장 하여 지붕이 있는 데서 채소와 과일을 살 수 있단다.

강도의 피해를 막고자 너무나 허름해 보이는 작은 슈퍼마켓도 철창으로 막고, 키가 하늘에 닿을 듯 쭉쭉 큰 청년 서넛이 두 발이 땅에 끌리게 오토바이를 타고, 골목을 잠시만 나서면 수십 명의 아이가 순식간에 모여들던 그곳. 키 큰 바오바브나무(baobab)와 뛰어들고 싶게 푸른 하늘, 고개를 들면 멀리 눈 쌓인 킬로만자로산이 한눈에 보이던 그림처럼 아름다운 그곳에 언제쯤 다시 가보나.

나는 또 꿈을 꾼다. (2023)

파란만장 남미 여행기

작은딸은 스페인어를 전공했다. 눈이 커서 두려움도 많고, 자기 생각이 별로 없이 세 살 위 언니의 머리 모양이나 옷차림까지 다 따라 해서 '따라쟁이'라는 별명을 얻기도 했다. 딱히 가고 싶은 데도, 하고 싶은 일도 없다 하여 선택한 게 어문 계열이었다. 여기저기 원서를 넣었더니 러시아어과, 독일어과, 스페인어과 무려 세 곳에서 합격증이 날아왔다. 결국 내가 선택해 준 데가 스페인어과였다.

잘 다닐 수 있으려나 걱정이 컸는데, 기우였다는 걸 깨닫는 데는 그리 오래 걸리지 않았다. 지금껏 한 번도 하지 않았던 학생회 임원도 하고, 스페인어 말하기 대회에서 상을 받았다고 한 옥타브 높은 목소리로 전화를 걸기도 했다. 스페인에서 살다 왔느냐는 말도 들었다면서, 교수님이 어학 코스를 밟고 온 선배보다 실력이 낫다는 칭찬도 했다고 자랑했다. 그럴 때마다 학교생활 열심히 하는 듯 보여 안심이 되었을 뿐, 딸아이가 외국에 나가 사는 건 한 번도 생각해 보지 않았다.

그런데 대학 3학년을 마치고 스페인 여행을 한다고 휴학계를 냈다.

같이 가는 친구가 있기 전에는 허락하지 말자고 남편과 입을 맞추었는데 그런 우리 속셈을 엿듣기라도 한 듯 딸은 장문의 편지를 내밀었다. 왜 스페인에 가고 싶은지, 처음 해외여행에서 얻은 경험이 무엇인지(딸은 고2 때 이모인 내 동생과 열흘간 태국으로 자유여행을 했었다. 아무리 가르쳐 줘도 영어로 인사 한마디 나누지 못해 답답했다고 동생이 말했다) 다녀와서 어떻게 할 것인지, 여행 경비는 어떻게 조달할 것인지가 조목조목 적혀 있었다. 아울러 취업하면 2년 안에 갚는다고 여행 경비를 빌려 달라고 덧붙였다. 남편은 형식적일지라도 언니 사인이 들어간 차용증을 쓰게 했고, 어렵게 허락을 받은 딸은 스페인으로 떠났다.

자랄 때부터 몸이 유독 약했고, '언니 따라쟁이'여서 믿음직한 큰딸과는 달리 매사에 신경이 쓰여 걱정이 많았다. 그런 우리를 비웃기라도 하듯 딸은 산티아고 순례길 25일을 걷고 스페인 포르투갈을 아울러 둘러보며 유럽에서의 석 달을 꽉 채웠다. 터키에서 두 달을 더 머물러 원래 계획대로 5개월을 꽉 채우고 여행에서 돌아왔다. 나중에 들으니 내게는 가끔 안부만 전했으나 비가 오는 날 순례길을 걸으면서 울기도 했고, 터키에서는 심하게 아파서 며칠간 여행도 할 수 없어서 언니한테 하소연했다고 한다.

그런 작은딸이 졸업 후 잡은 첫 직장이 멀고도 먼 남미 대륙의 한가운데 있는 볼리비아였다. 우리나라보다 무려 10배나 크지만 페루와의 전쟁 중에 태평양 연안의 땅을 뺏겨 바다가 없는 내륙으로만 이루어진 나라. 딸은 농촌진흥청의 통역 인턴이 되어 수도인 라파스에서도 비행기로 이동해야 하는 볼리비아 제3의 도시 코차밤바에 머물렀다. 파리를 경유, 가는 데만도 꼬박 24시간이 걸리는 참으로 먼 곳이었다. 부모 걱정할까 봐 어렵고 힘든 상황은 말하지도 않았다. 어쩌다 전화할 때도 잘 지낸다는 말만 되풀이하였다. 같은 인턴 둘이 더 있고, 한국에서 파견된 남편 나이 또래의 소장이 책임자로 있기에 한국인들끼리 서로 도와가면 잘 지내는 걸로 믿었다.

그런데 어느 날부턴가 힘들어했다. 광견병 예방 주사를 맞으러 봉고 버스를 타고 원주민 마을의 보건소에 1주일에 한 번씩 다닌다고 했다. 무려 10번을 맞아야 하는데 그때마다 혼자였다. 자전거를 타고 멀리 떨어진 가게까지 뭘 사러 갔다가 개에게 물렸단다. 휴일이면 인턴 둘과 소장은 시내에 있는 한인 교회에 가고 홀로 숙소를 지키는 날이 대부분이었다. 스마트폰도 잘 터지지 않는 열악한 사무실도 마음에 걸렸다. 멀리서 소식만 듣고 있기에는 시간이 갈수록 마음이 불안했다.

딸아이 출국하고 5개월이 지나 겨울방학이 되었다. 어떻게 사는지 직접 내 눈으로 보고 와야 안심이 될 것 같았다. 첫 직장이기에 관두고 나오라고 하기도 여의치 않았다. 결국 큰딸 그리고 직업이 같은 여동생과 함께 때맞춰 생긴 멕시코 직항 비행기를 타고 남미로 떠났다. 멕시코를 거처 페루 리마공항에 도착하니 휴가를 받은 작은딸이 마중 나와 있었다.

작은딸은 남미 사는 5개월 동안 스페인어가 더 유창해졌다. 남미에서는 영어가 아무 필요가 없었다. 나야 콩글리시 수준이지만 영어 잘하는 여동생과 큰딸도 나와 똑같은 처지였다. 거리에서 만난 사람들은 영어를 거의 알아듣지 못했다. 머리는 길게 땋아 엉덩이까지 내리고, 특유의 모자를 쓰고, 짧고 펄럭이는 치마를 입은 원주민 복장을 한 사람이 많이 보였다. 고도가 높은 탓인지 얼굴은 갈색을 넘어 붉기까지 했다. 자동차 백미러가 없는 채 달리거나, 손님을 태울 생각이 없는 건지 실내에 먼지가 몇 ㎝는 내려앉은 채로 버젓이 호객 행위를 했다. 타이어가 짝짝이거나 오래전 우리나라 포니처럼 뱅뱅 돌려야 창문이 열리기도 했다. 와이파이는 공항에서조차 유료여서 카페를 조금만 벗어나면 휴대폰은 무용지물이 되었다. 이리저리 길을 찾고 말을 거는 작은딸이 엄청나게 커 보였다.

별도의 '남미타임'이 있다더니 버스는 정해진 출발 시각보다 한 시간이나 늦는 건 보통이고, 우유니 사막에서 열리는 자동차 대회 때문에 우회하여 가는 봉고차를 탔을 때는 인가 하나 보이지 않는 들판 한가운데에 차를 세우고 돈을 더 내야 운행하겠다고 흥정하기도 했다. 관광객의 주머니를 노리는 눈 뜨고 코 베어가는 '꾼'도 유난히 많아서 대부분의 사람이 정말 순박하고 착하다는 딸의 말을 믿을 수 없을 정도로 내게는 두려웠다. 딸아이를 위로하고자 했던 '어디서든 사람 사는 데는 다 비슷해, 너만 잘하면 돼.' 따위의 말이 얼마나 이기적인 생각이었는지 딸에게 미안했다.

떠날 때부터 좋지 않았던 허리는 볼리비아 수도 라파스까지 와서 열 시간이 걸리는 야간버스를 타고 우유니 사막으로 향할 때 기어이 문제를 일으켰다. 라파스는 해발 3,600미터, 공항은 그중 가장 높은 해발 4천m 고지에 있어서 페루에서부터 고산병을 대비하여

서서히 고도를 높이는 훈련도 해 왔고, 약도 먹었기에 머무는 데는 지장이 없었다. 공항에 내리자 태양과 어찌나 가까운지 피부가 익어 버릴 것처럼 뜨거웠고 눈을 뜨기 힘들 만큼 햇살이 강했다. 황사와 미세먼지로 뿌연 우리나라 하늘에 비해 너무나 푸르러서 그 깨끗한 공기가 한편으론 부러웠다.

　주민들 교통수단이 하늘을 나는 케이블카인 것도 신기했다. 노선별로 빨강, 주황, 초록, 파랑, 노랑, 흰색의 여섯 가지 색깔로 구별하는데 우리나라의 지하철처럼 환승도 가능하단다. 지디피(GDP) 3,700달러(2019년 기준)로 세계 최빈국 중 하나인 볼리비아에서 행정수도 라파스의 교통체증을 줄이려고 외국 자본으로 건설한 것이다. 볼리비아 서민들이 대중교통으로 이용하기에는 비싼 탓인지 낮에 잠깐 타 본 지하철역은 한가하기 그지없었다.

　교통체증으로 악명 높은 라파스 시내를 빠져나오는 데만 두 시간이 걸렸다. 하루 종일 돌아다녔기에 몸은 피곤한 데도 잠을 잘 수가 없었다. 우등고속처럼 뒤로 많이 젖혀지는 의자였지만 그 자세로 잠깐만 누워도 허리가 아파 왔다. 잘 수 없는 고통이 얼마나 큰지를 되새기면서 승객 모두가 잠든 밤에 홀로 깨어, 눈물만 줄줄 흘렸다. 결국 한숨도 눈을 붙이지 못한 채 오전 일곱 시에 우유니 사막에 도착했다. 에야한 소금 호텔에 짐을 맡기고 열 시부터 시작하는 낮 투어를 따라가는 게 원래의 일정이었는데 나는 그럴 만한 기운이 남지 않았다. 그저 편안하게 눕고만 싶었다. 호텔 휴게실 의자에 누워 끙끙 앓았다.

몸이 아픈 것을 안 호텔 매니저가 일찍 체크인하게 편의를 봐주었다. 그때부터 낮 투어를 끝낸 딸 둘과 여동생이 돌아온 오후 다섯 시까지 내리 잠만 잤다. 딸들은 낯선 호텔에 혼자 두고 가기가 맘에 걸렸는지 심심하면 보라고 노트북에 담아 온 영화를 이것저것 알려 줬지만 그럴 필요조차 없었다. 한국인들이 꿈꾸는 여행지 우유니 사막까지 와서 잠이나 자다니 지금 생각하면 스스로가 한심하지만 그때는 세상 모든 게 귀찮아서 얼른 집으로 돌아가고만 싶었다. 볼리비아에서 페루로 이동하여 다시 멕시코에서 일곱 시간을 체류한 뒤 한국까지 열여덟 시간 동안 비행기를 타야 한다는 생각만으로도 끔찍했다. 그저 하룻밤 자고 일어나면 우리 집 내 침대에서 눈뜨기를 날마다 소망했다.

마추픽추에서도 그랬다. 안데스산맥에 위치한 페루의 옛 잉카제국 도시 해발 2,437m의 공중 도시로 숨어 있다가 1911년에야 미국인이 세상 밖으로 드러낸 도시. 꿈에 그리던 곳을 실제로 걷고 사진으로나 보던 라마를 만져 볼 수 있는 것도 좋았으나, 몸이 아프니 만사가 다 귀찮았다. 하루 400명으로 입산을 제한하는 와이나픽추에도 똑똑한 딸이 사전에 예약하여 다녀오는 동안에도 나는 세계 각지의 관광객이나 구경하며 기다릴 수밖에 없었다.

마추픽추 날씨는 올라가 봐야 안다는 말이 있다. 오를 때는 맑은 날씨였는데 정상에 있는 '종지기의 집'에 도착하니 비구름이 몰려왔다. 비는 하염없이 쏟아지고, 보이는 세상은 모두 안개에 싸여 있었다. 내려오는 서틀버스 줄은 500m가 넘었다. 그런데도 기다리면서

앉거나 쉴 편의시설이 전혀 없었다. 우리나라 같으면 있을 수 없는 일이다.

동생을 비롯한 일행은 줄을 서고, 서 있을 수 없으리만치 몸 상태가 나빠진 나만 호텔 처마 밑에 주저앉아 있었다. 비옷을 입었다고는 해도 유리창에 비친 내 모습은 딱 '국제 거지'였다. 나 말고도 다국적 거지가 주위에 많았지만 여기까지 와서 웬 고생인가 생각하니 눈물이 절로 났다. 멋진 풍경도, 맛있는 음식도 다 귀찮기만 했다. 딸만 아니었더라면 이 먼 곳까지 올 용기는 못 냈을 것이다.

우유니에서 다시 버스로 열 시간을 달려 코차밤바에 도착했다. 택시를 타고 딸아이 근무지까지 왔는데 우리나라 면 수준에도 미치지 못한 작은 마을이었다. 치안이 불안한데 담은 낮고, 지키는 사람도 없었다. 남녀 현지 스텝도 머문다는 기숙사는 길게 복도식 아파트처럼 놓인 방이 좌우로 이어져 있었다. 방으로 들어가 보니 좌우에 낡은 침대가 각기 하나씩 있고, 문이 잘 닫히지도 않는 철제 캐비넷과 나무 책상이 전부였다.

고등학교 기숙사만도 못한 방안 시설에도 놀랐지만 화장실을 보고는 기절할 뻔했다. 여자 화장실의 세 칸 중 한 칸에 꼭지만 달아 샤워실로 쓰고 있었다. 보따리 같은 천이 문 역할을 대신하고 있었다. 놀라고 불평하면 앞으로도 더 오래 이곳에 머물 딸아이가 얼마나 슬퍼할까 싶어 표시는 하지 않았지만 걱정되고 불안한 마음을 숨길 수는 없었다. '스물다섯 살이나 먹도록 깍두기도 담을 줄 모르냐, 오늘은 김치찌개 먹고 싶다. 저번에 통역은 이런 일도 잘하더라'

등 소장의 도를 넘은 갑질을 그냥 견디라는 말밖에 해 주지 못하는 스스로에게도 화가 났다.

5개월의 짧은 인턴 생활을 마친 딸은 국내에 복귀하였고, 이제 자신이 원하는 일터에서 3년째 일하고 있다. 나 역시 보름간의 힘든 여행을 마치고 돌아와 치료 잘 받은 덕에 건강도 회복하였다. 시간이 갈수록 힘들었던 일은 희미해지고, 좋았던 기억만 새록새록 떠오른다.

딸의 도전은 지금도 계속되어 2년쯤 후에는 멕시코 대학원에 가서 국제협력 분야의 공부를 더 하고 싶다고 한다. 어릴 때의 떼쟁이, 따라쟁이는 어디로 가고 당찬 도전을 계속하는 딸아이를 보면서 아이들은 얼두 번이나 바뀐다는 말을 실감한다. 딸아이가 멕시코 대학에 가면 멕시코와 쿠바가 있는 카리브해로 여행을 떠나 볼까나. 동생과 또다시 여행 계획을 짜는 나는 참 속없는 엄마이다.(2020)

파라과이 가는 길

지난겨울, 파라과이에 다녀왔다. 딸은 올 8월이 되면 다니던 직장의 2년 임기를 마친다. 부모에 한하여 항공비가 지원되는 회사라서 근무하는 동안 한 번은 다녀오고 싶었다. 코로나로 그 좋은 기회조차 물 건너가나 싶었는데 다행히 지난 하반기부터 끝나 가는 조짐이 보여서 연말에서야 항공권을 예매했다. 1년 치 휴가를 아꼈다가 몰아서 사용하는 남편과 여행길에 올랐다.

독일 프랑크푸르트 공항까지는 국적기라서 영화를 볼 수 있었다. 평소에 극장 나들이가 뜸한 편이라서 볼 영화는 차고 넘쳤다. 몇 편 재밌게 보고 나니 금방 도착했다. 이제부터가 문제다. 브라질 국적기인 라탐항공 비행기에서는 영어와 스페인어, 포르투갈어밖에 지원이 안 되니 미리 영화나 책을 내려받아 오라고 했다. 드디어 글쓰기 지도 교수님이 말한 「밀리의 서재」를 이용할 시간이 된 것이다. 여행 떠나기 며칠 전에 가입하여 평소에 읽고 싶었던 작가의 책을 저장해 두었다. 베스트셀러, 알고리즘이 추천해 주는 책도 살폈다. 우리나라만큼 인터넷이 빠르고 잘 터지는 나라는 없다는 것을 여러 번의 여행 경험으로 알기에 읽든 안 읽든 되도록 많은 책을 챙겼다.

실로 얼마 만에 가는 여행인가. 게다가 작은딸을 1년 6개월 만에 본다는 기대까지 더해져 마음이 달떴다. 독일 프랑크프루트 공항에서 비행기를 바꿔 탔다. 그곳에서 브라질 상파울로까지는 열세 시간이 걸린다. 이미 온 시간만큼 또 견뎌야 하는 것이다. 하필 세 명이 앉을 수 있는 의자의 한가운데였다. 덩치가 큰 외국인이 남은 한 자리에 앉으면 어쩌나 걱정했는데 서양 사람치고는 몸집이 작은 아가씨라서 그나마 다행이었다.

남편은 탭에 담아 간 드라마를 보느라고 정신이 없다. 학창 시절에 학교 폭력을 당한 주인공이 치밀하게 준비하여 복수하는 이야기다. 나 역시 비장의 무기를 꺼냈다. 책장에 담긴 책 중에서 가장 긴 책을 찾았다. 표지가 독특한 『가재가 노래하는 곳』이 눈에 띄었다. 몇 장을 읽기도 전에 빠져들었다. 마을의 부잣집 도련님이자 인기남인 체이스가 시체로 발견된다. 증거도 목격자도 없다. 발자국조차 없다. 경찰은 살인 사건 용의자로 습지에서 홀로 살아가는 '카야 클라크'를 지목한다. 처음부터 주인공이 살인 사건의 배후로 등장하여 호기심을 자극했다.

1900년대 미국 남부 노스캐롤라이너의 습지가 배경이다. 인간이 살아가기에는 가혹한 환경이라 주변에 아무도 살지 않는다. 오직 카야 가족만이 산다. 그러나 엄마와 다른 형제가 아버지의 폭력을 견디다 못해 차례로 떠나고 열 살도 채 안 된 어린 소녀인 카야만 남게 된다. 아이는 유일한 보호자이자 혈육인 아버지에게 의지하고,

아버지 역시 처음에는 소녀에게 조금 잘해 준다. 하지만 곧 그마저 떠나 버리고 혼자가 된다. 소녀는 아버지가 남긴 작은 보트 하나에 의지하여 아버지를 흉내 내어 이른 아침부터 홍합을 따서 팔며 근근이 끼니를 해결한다. 마을에서는 홀로 사는 그녀를 '습지 소녀' '늪지 쓰레기'라고 부르며 적대시한다.

학교 갈 나이가 되자, 어른 몇이 찾아온다. 난생처음 학교에 가지만 거지꼴을 하고 나타난 아이는 놀림거리일 뿐, 반겨주는 이는 없다. 선생님조차. 아이는 학교를 도망쳐 나오고 이후 조그맣게 열릴 뻔했던 세상을 향한 마음의 문을 닫아 버린다. 어느 한 명 돌봐 주는 이 없는 아이를 살피는 유일한 사람은 기름과 식료품을 파는 흑인 부부뿐이다.

그런 그녀에게 유일하게 위안이 되어 주는 것은 자연이다. 갈대밭에 사는 물고기, 조개, 새 등이 그녀의 친구다. 깃털만 봐도 어느 새인지, 울음소리만 듣고도 어떤 상황인지 단번에 안다. 사춘기가 되어 외로워진 소녀는 오빠의 친구였던 테이트와 가까워지고, 그는 그녀에게 글자를 가르쳐 준다. 그때부터 그녀는 관찰한 것을 글로 쓰고, 그림으로도 그린다. 글자를 모르던 세계와 아는 세계는 이처럼 천양지차로 다르다는 걸 소설은 말한다. 둘은 자연스럽게 사랑하는 사이로 발전하지만 테이트가 대학원 진학으로 도시로 떠나면서 헤어지고 만다. 그녀는 애타게 기다리지만 테이트는 그녀가 습지를 떠나서는 살 수 없으리라고 판단하여 어려움이 생기자 극복보다는 포기를 선택한다.

사랑에 배신당한 그녀는 세상과의 담을 더 높이 쌓는다. 그러던 어느 날 바람둥이 체이스가 그녀를 보게 된다. 평소 자신이 만나던 여자들과 너무 다른 소녀에게 체이스는 끌리고, 결혼까지 약속한다. 소녀는 드디어 자신이 세상에 나설 때가 되었다며 꿈에 부풀지만 이미 약혼자가 있던 양다리 체이스는 결국 다른 여자와 결혼한다.

　카야는 테이트의 도움을 받아 그동안 기록하고 그린 자료를 출판사에 넘긴다. 책은 곧 베스트셀러가 되고 그녀는 유명해진다. 때마침 바뀐 정부 정책으로 그녀가 오래 살아왔던 엄청난 규모의 습지가 그녀 소유가 된다.

　과연 누가 범인일까. 나는 습지의 곳곳을 손금 보듯이 들여다보듯 하는 카야가 한때 그녀를 농락한 체이스를 교묘한 방법으로 살해하지 않았을까 의심했다. 그녀는 살인범으로 감옥에 갇히지만 호의적인 변호사의 도움으로 풀려난다. 그리고는 한때 자신을 떠났던 테이트를 용서하고 그와 결혼한다.

　아이는 없지만 부부는 평생 동안 습지 생물을 연구하며 평화롭게 늙어 간다. 카야가 죽자, 그녀의 유품을 정리하던 테이트는 비밀 창고를 발견한다. 거기에는 체이스가 잠잘 때조차 빼지 않고 하고 다녔다는, 그러나 사건 현장 어느 곳에서도 찾을 수 없었던 조개껍질로 만든 목걸이가 들어 있었다. 한때 사랑의 징표로 카야가 선물했던 바로 그것이었다. 대반전으로 소설은 막을 내렸다.

　그 사이 비행기는 적도를 지나 남반구로 날아갔다. 책에 푹 빠져 있는 동안 계절도 겨울에서 여름이 되었다. 한때는 소설만 찾아 읽던 문학소녀였는데, 요즘은 인문학이나 수필류를 읽느라고 소설은 오랜만에 읽었다. 책이 없었더라면 열세 시간이나 되는 긴 시간을 어떻게 견뎠을까.

이제 파라과이까지는 두 시간 20분이 남았다. (2023)

'다 늙어서 뜬'
정지아 작가를 만나다

도 교육청에서 추진하는 독서 인문 교육 연수 '돌고 돌아 인문학'이 지난 금요일에 끝났다. 이번 연수는 1회성이 아니라 매주 금요일 오후 한 시부터 다섯 시까지 3회에 걸쳐 목포, 여수, 구례에서 있었다.

첫째 날엔 목포에 있는 독립서점 세 곳을 차례로 탐방했다. 부쩍 늘어난 독립서점은 특색있는 프로그램과 독서 동아리 활동으로 문학의 저변을 확대하는 데 이바지하고 있다.

'지구별 서점'은 지구와 환경 관련 책을 주로 파는 곳이다. 서점은 작았으나 20대 책방지기가 5년째 운영한다고 했다. '고흐의 책방'은 미술 관련 서적이 많았다.

'오늘의 페이지'는 이름부터 독특했다. 주택가 한복판에 있는 한옥 책방이다. 꽃 한 송이, 나무 한 그루도 놓인 이유가 있는 듯, 잘 가꾼 작은 정원은 소박하고 아름다웠다. 그림책을 주로 취급하는데, 카페를 겸하고 있어 더 좋았다.

두 번째 만남은 '여수시립 이순신 도서관'이었다. 이곳은 민족의 영웅, 이순신 개인의 저작물은 물론이고 그를 주제로 한 국내외 소설이나 논문, 영상물 등이 총 망라되어 있다. 2019년 12월에 개관했는데, 도서관(Library)과 기록관(Archives), 박물관(Museum)의 기능을 합친 '이순신 라키비움(Larchiveum)'이 있었다.

이곳에서는 난중일기 번역본이 전시되고 화면을 보면서 거북선을 조종할 수도 있다. 아름다운 우리 말을 두고 언어와 문자, 책을 다루는 기관에서 국적 불명의 말로 방 이름을 정한 게 좀 아쉬웠다. 라키비움(Larchiveum)은 국어사전에 올라 있지도 않다. 이런 말이 점점 늘어나면 우리 말이 메말라진다는 걸 모르는 모양이다. 그곳이 개인 서가가 아니라 공공 기관이라는 것을 깊이 새겼으면 한다. 라키비움을 곧바로 알아듣고 이해할 사람이 몇이나 되겠는가.

뒤이어 '이순신 전술 신호연 박물관'으로 갔다. 임진왜란 당시 충무공 이순신 장군은 왜적을 무찌르는 데 필요한 통신과 암호 수단으로 '신호연'을 사용했다. 전쟁이라는 긴박한 상황에서 방패연의 색깔과 문양으로 그 전술을 전달한 것이다.

빨강, 파랑, 노랑, 검정, 흰색의 오방색으로 5방위를 표시하고 문양과 색깔로 명령을 달리했다. 즉 당가리 연은 정찰하라, 홍외당가리 연은 남쪽을 공격하라, 기바리 연은 야간에 맞붙어 싸워라, 중모리 연은 야간에 사방을 공격하라 등 32종의 신호연을 썼다.

3주째에는 구례 천은사 둘레길이 한눈에 내려다보이는 '카페 천은사에서'에서 만났다. 그곳에 여러 번 들렀지만 1층에 단독으로 행사할 수 있는 공간이 있는 줄은 몰랐다. 첫 시간엔 원유헌 작가와의 만남이 있었다. 그는 전 한국일보 사진 기자로 아무런 연고가 없는 구례로 귀촌한 지 13년이 되었다.

나는 저자가 한국일보에 2년간 연재했던 '원유헌의 구례 일기'를 엮어 책으로 펴낸 『힘들어도 괴롭진 않아』를 몇 년 전에 읽은 적이 있다. 3대째 서울 토박이인 그가, 좌충우돌하며 3무(비닐 멀칭, 제초제 등의 농약, 화학 비료를 전혀 사용하지 않는) 농법으로 농사 짓는 과정이 진솔하게 드러나 있어 공감하며 읽었다. 그는 올해부터 사람의 마음을 얻어야 할 수 있는 마을 이장이 되었다. 귀농 13년 차답게 구례, 자연, 사람과의 소통 이야기 등을 담담하게 풀어냈다.

기대하던 정지아 작가의 강의가 시작되었다. 그녀는 "다 늙어서 뜬 정지아입니다."라고 자신을 소개했다. 20대에 『빨치산의 딸』을 출간하며 작품 활동을 시작했으나 국가보안법에 위배된다는 이유로 판매 금지를 당했다. 책을 출간했던 출판사 대표는 실형까지 받았다. 이후 정식으로 등단하고 몇 가지 소설집과 르포집을 냈으나 크게 주목받지는 못했다.

2022년 50대 후반이 되어서야 낸 『아버지의 해방일지』를 유시민이 올해의 책으로 소개한 후 베스트셀러에 올랐다. 이제 그녀는 전국의 도서관이나 지자체에서 앞다퉈 모시고자 하는 인기인이 되었고, 지리산과 백아산의 이름 한 자씩을 따서 지었다는 그녀의 이름도 많은 사람이 기억하게 됐다. 책에 쓰인 대로 그녀의 부모는 빨치산 중간 간부다. 연좌제가 시퍼렇게 살아 있던 시절, 그녀는 그 꼬리표가 얼마나 무거웠을까?

구례는 작은 고을이다. 바로 옆 마을인 하동에 비해 면적이 반밖에 되지 않는다. 인구는 2만 4천 명에 불과하며 읍내 이쪽에서 저쪽 끝까지는 걸어서 15분이면 닿는다. 그토록 작은 읍내는 그녀에게 늘 벗어나고 싶은 곳이었다. 작가는 어머니의 병환으로 2~3년 잠시 살기로 하고, 자신의 거처를 정리하지도 않은 채 구례로 내려왔다.

어느 순간 1926년생 어머니는 기력을 회복했고 머무는 동안 담뿍 정이 든, 젊은 날엔 그토록 도망가고 싶던 구례는 진정한 고향이 되었다. 이제 "인생, 뭐 있어?" 이런 마음으로 '그냥'이와 '저냥'이, '구글'과 '애플' 고양이 네 마리와 산다. 오지랖 넓어 온갖 일에 참견하는 구례 할머니들과 '구례'라는 작은 공동체에서 함께 어울린다.

아버지의 장례 사흘간 있었던 일을 소설로 쓰고자 시도한 적이 있었으나 끝내 완성하지 못했던 걸 작가의 표현에 의하면 힘을 빼고, 내가 해석하기로는 '무르익어서' 이번에 명작이 탄생하지 않았나 싶다. 세상 사람들의 시선과 이데올로기로부터 해방되는 걸 꿈꿨던 그녀가 편안해 보여서 더 좋았다.

어느새 교직에 들어선 지 36년이나 됐다. 강산이 세 번이 넘게 바뀌었으니 긴 시간이다. 그새 교단 문화도 많이 바뀌었다. 모여서 하는 집합 연수가 연수의 전부였는데 이제는 원격이 대세가 됐다. 코로나 팬데믹을 거치면서 원격연수원 콘텐츠도 다양해져서 마음만 먹으면 별걸 다 배울 수 있다. 교과에 관련된 것은 물론이고 가만히 앉아서 유럽, 아프리카까지 여행하거나 유명한 미술관의 손꼽히는 명작을 큐레이터의 설명을 들으면서 감상할 수도 있다.

아무리 콘텐츠가 넘쳐나도 제대로 배우려면, 얼굴 마주 보며 시간과 노력을 들여야 진정한 배움이 일어난다고 생각하는 나는 어쩔 수 없는 아날로그 세대이다. 쉽게 배우고 쉽게 얻는 지식은 그만큼 놓치는 부분도 많다는 걸 지난 코로나 팬데믹 기간에 경험했다.

장거리 운전으로 매주 출장 나가는 게 쉽지만은 않았지만 이번 연수는 참 유익했다. 교사가 배우는 모든 것이 교육으로 연결된다고 믿는다. 교사의 안목을 높이는 이런 연수가 보다 더 많아지기를 기대한다.

로봇 공학 과학자
'데니스 홍'을 만나다

'공생의 교육, 지속가능한 미래!'를 주제로 지난 5월 29일(수)부터 6월 2일(일)까지 5일간 여수세계박람회장에서 열린 2024 대한민국 글로컬 미래 교육 박람회가 끝났다.

글로컬은 글로벌(Global)과 로컬(Local)이 결합한 말로 지역 중심의 교육 생태계에서 지역적 특수성과 세계적 보편성을 이해하고, 다양한 문제를 해결하는 역량을 갖춰 지역, 국가, 세계와 공생하는 인재로 성장하도록 돕는 교육을 말한다.

주요 프로그램으로 세계적인 석학을 초대하는 기조 강연과 참여국 컨퍼런스, 한-오이씨디(OECD)국제 세미나 등을 하는 '글로컬 미래 교육 콘퍼런스', 미래학교를 상상하여 앞으로의 수업은 어떻게 전개될 것인가를 살피는 '글로컬 미래 교실', 학생 예술동아리 페스티벌, 케이(K)아티스트 버스킹, 진로 토크 콘서트, 프렌드십 프로젝트의 '글로컬 문화예술공연', 독서, 진로, 과학, 해양 문화 체험 등이 열리는 '글로컬 미래 교육 축제'로 짜여졌다.

학교 현장에도 작년 10월 24일에 첫 번째 공문이 온 이래 수십 건의 관련 문서가 쏟아졌다. 행사가 열리는 5월에는 각종 공연과 행사에 운영 위원과 학생 체험 학습 참가자를 모집하고 안내하는 내용이 공문함을 가득 채웠다. 처음에는 큰 관심은 없었다. 단지 우리 청이 주관하는 국제적인 행사니까 협조해야겠구나, 이 일을 추진하는 관련 교직원은 힘들겠구나 정도였다.

'시도 연합 초등 여성 교육 행정 연구회' 일원으로 데니스 홍 강연을 들을 기회가 생겼다. 바로 전날엔 세계적인 석학 마이클 샐던 교수가 강연자라는 걸 알았지만 연속 이틀 출장을 오는 건 어려웠다. 여수엑스포역에서 내려 행사장까지 걷는 길에는 길 양쪽으로 학생들이 체험할 수 있는 부스가 즐비했다. 강연장인 엑스포 홀에는 교복은 입은 고등학생, 부모님과 함께 외지에서 온 것으로 보이는 초등학생도 많았다. 978석의 객석이 가득 찼다.

데니스 홍은 캘리포니아대학교 로스앤젤레스 캠퍼스 교수다. 그는 시각 장애인용 운전 보조 시스템, 미니 휴머노이드 로봇 '다윈 오피(OP)', 축구 휴머노이드 로봇 등을 제작해 전 세계적인 주목을 받는 로봇 공학 과학자다. 2007년 미국국립과학재단의 젊은 과학자상, 2009년 제8회 과학을 뒤흔드는 젊은 천재 10인에 선정됐으며, 2011년 타임지 최고 발명품상 등을 수상하였다.

오늘의 강연 주제는 '다르게 보기, 새롭게 연결하기'다. 그는 일곱살 때 '스타워즈'를 보고 로봇 과학자의 꿈을 키웠다. 자신의 어린 아들과 있었던 일을 사례로 보여 주었는데 무척 인상적이었다. 그는 아들과 놀아주는 걸 좋아하지 않고 '함께 노는' 친구다.

세상 모든 이치에 관심을 보이고 "왜?"를 연달아 묻는 건 아이들의 특징. 그의 아들 역시 '하늘이 왜 파래, 공기는 왜 눈에 안 보여, 달이 왜 우리를 쫓아와, 냉장고 문을 닫으면 왜 불이 꺼져?' 등 어른이 보기에는 너무 당연하여 대답하기 힘든 것을 묻더란다.

한 가지를 대답하면 끊임없이 "왜?"를 외치는 아들에게 그는 끊임없이 질문하고 대답하며, 같이 실험한 후, 마지막으로 그 원리를 너튜브에서 찾아본다. 그러고도 "왜"가 계속되어 말문이 막히면 "그건 아빠가 너를 사랑하기 때문이야"라는 말로 마무리 지었단다. 센스 넘치는 그의 대답에 웃음이 터졌다.

아들이 어느 날 집 천장에 앉은 작은 나비를 보고는 "아빠, 저 나비는 집을 어떻게 찾아가지? 엄마 나비가 기다릴 텐데"라고 묻더란다. 함께 방법을 궁리하는 사이 아들이 도화지에 크레용으로 큼지막하게 화살표를 그렸다. 그리곤 나비가 있는 쪽을 향해 들고 서서는 나비에게 어서 집을 찾아가라고 하더란다. 아이다운 호기심과 기발한 창의력에 놀라면서도 뭉클했다.

데니스 홍은 창의력은 무에서 유를 만들어 내는 것이 아니라 '전혀 관계없어 보이는 것을 연결 짓는 능력'이라고 말한다. 그는 공책과 볼펜을 들고 다니며 수시로 떠오르는 아이디어를 정리하는데 어느 날 머리 닿는 장면을 스케치했다.

10년이 지나 교수로 임용되자, 걷는 로봇을 개발하라는 과제가 떨어졌다. 그는 아이디어가 정리된 공책을 둘러보고 세 갈래로 땋은 머리카락에서 영감을 얻어 발이 세 개 달린 로봇을 개발했다.

머리카락과 로봇 다리는 아무런 연관성이 없지만 연결 지으면 누구도 생각하지 못한 세상을 바꾸고, 인간을 이롭게 하는 대단한 발명품을 만들 수 있는 것이다. 선사 시대의 사슴 화석을 보고 부드럽게 움직이는 로봇 찰리의 무릎을 개발하거나, 가야금의 장력 조절법에서 지뢰 제거 로봇을 개발한 것이 그 예다. 이처럼 기록하고, 연결 짓는 능력이 창의력의 원천이라고 그는 강조했다.

다양한 지식과 경험을 쌓는 건 창의력 개발의 필수. 학교 교육은 창의력을 떨어뜨린다고 많은 사람이 말하지만 자신은 동의하지 않는단다. 학교는 지식을 체계적으로 정리하는 단계라며 학교에서 배우는 물리, 화학, 대수학 등이 창의력을 키우는 기초 지식이라고 말했다.

모든 어린이는 눈이 반짝인다. 그러나 어른이 되면 당연한 것이 늘어가면서 그 호기심이 사라진다. 그는 어려서부터 믹서기, 청소기 등의 집에 있는 모든 가전제품을 뜯어서 분해하는 호기심 많은 소년이었다. 귀한 컬러텔레비전도 산 지 1주일도 안 돼 고장 내고 말았단다. 아들의 호기심을 인정하고 한 번도 야단치지 않는 데니스 홍의 부모님도 대단하다.

창의력을 키우는 또 한 가지 방법으로 창의력과 전혀 상관이 없어 보이는 '소통'을 이야기했다. 데니스 홍은 자신의 전공이나 직업과 관련이 없는 사람을 만나는 것도 즐긴다. 새로운 사람을 만나고, 새로운 장소에서 새로운 음식을 먹고, 그 사람들과 소통하는 과정에서 새로운 아이디어가 생성된단다. 생각의 틀을 바꾸어 비틀어 보고,

다르게 보며 프레임을 바꾸는 일이 바로 창의력의 원천이라고 힘을 주어 말했다.

그는 2주 전에 로봇이 갖는 한계, 즉 너무 느리고 잘 넘어지는 단점을 보완해 세계에서 가장 빨리 걷는 로봇을 발표했다. 야외에서 안전장치 없이 움직이며 눈에 카메라가 있어서 웬만한 장애물은 피할 수 있다고 한다. 사람을 행복하게 해 주고, 자신이 하는 일이 세상을 바꾼다는 의지가 아이디어의 원천이라고 강조하는 데니스 홍이 참 멋졌다.

그의 이야기를 이렇게 길게 하고 있지만 이제 와서 고백하자면 나는 '데니스 홍'이 누군지도 몰랐다. 강연이 끝나고 주위에 물어보니 모르는 사람이 거의 없었다. '세바시'나 '유퀴즈', '차이나는 클라스' 등의 프로그램에 나온 적도 있고 너튜브에도 그의 강연이 여러 건 올라와 있다.

그는 유창한 한국어(고려대학교 기계공학과 3학년까지 마치고 미국 대학교에 편입했다), 활발한 제스처로 시종일관 유쾌하게 강의해 좌중을 압도했다. 다음 날 같은 시간에 벌어진 폴 킴의 강연이 영어로 진행돼 동시통역사를 거치는 동안 그 의미와 전달력이 반감된 것과 대비됐다.

박람회가 왜 필요한지 거의 무지했던 내가 강연 하나 보고 생각이 완전 바뀌었다. 이럴 때가 아니면 지방의 작은 소도시에 사는 내가 언제 세계적인 석학을 만나보겠는가? 엑스포를 치르면서 생긴 훌륭한 인프라가 있고, 큰 뜻을 세우고 밤낮을 가리지 않고 준비한 관계자들의 헌신이 있었기에 이번 박람회가 무사히 끝날 수 있었다.

이제 잔치는 끝났다. 160억의 엄청난 예산을 들인 만큼 그 성과를 꼼꼼히 따져봐야 할 때다. 60명 미만의 작은 학교가 과반에 육박하는 전남이 세계와 공유하고, 지역 중심 미래 교육을 현실화하는 방법을 모색하고자 벌인 국제 행사에서 무엇을 얻었는지, 전남교육에 어떻게 접목할 것인지 논의해야 할 때다. (2024)

『눈물꽃 소년』
인향만리에 취하다

　『눈물꽃 소년』을 읽었다. 잠들기 전 비몽사몽으로 조금씩 읽다가 이래서는 안 되겠다 싶어서 늦은 밤에 몰아서 읽었다. 박노해 시인의 첫 자전 수필 '내 어린 날의 이야기'라는 부제를 단 이 책은 시인이 어린 시절에 겪었던 서른세 편의 산문으로 이루어져 있다.

　그는 일곱 살 어린 나이에 아버지를 여의었다. 벌교에서 광주까지 아버지와 생애 처음이자 마지막으로 기차 여행을 한다. 아버지는 중간 기착지에서 나주 배를 열서너 개 사서 깎은 뒤, 같은 칸에 탄 사람 모두에게 조금씩 나눠 준다. 그리고는 마지막 남은 하나를 통째로 깎아 아들에게 건네고, 아버지는 남은 배 깡지[1]를 베어 문다. 단물이 흐르는 큼직한 배 하나를 먹으며 시인은 달콤한 충만감과 함께 아버지의 사랑이 차오르는 걸 느낀다.

　외지에서 주로 생활하는 아버지 대신 품 넓은 할머니와 어머니가 펑이(박노해 시인의 본명은 박기평이다. 박노해는 '박해받는 노동자의 해방'이

---

1)　찌꺼기의 방언

라는 뜻의 필명이다)를 보살핀다. 할머니는 몸살이 심한 정미소댁에게 찹쌀에 낙지를 고아 먹이고, 젖몸살이 난 젊은 아낙에게는 애저탕을 끓여 평이에게 심부름을 시킨다. 책은 방물장수, 당골네, 연이 누나, 수그리 선생님 등 어렵고 고단한 살림이지만 내일은 더 나으리라는 희망을 품으며 살아가는 사람들 이야기를 따뜻하게 그리고 있다.

할머니에 이어 아버지마저 갑작스럽게 돌아가시자, 소년의 여린 감수성을 감싸 안으며 품어 준 건 이웃이다. 외롭고 말이 없던 소년의 결핍을 지지하고 응원해 준 사람들이 있는 반면에 이야기를 들어보지도 않고 매부터 드는 나쁜 어른도 나온다. 그 사람이 교사라서, 책을 읽으면서 조금 부끄러웠다.

누나는 광주로, 형은 서울로, 엄마는 학비를 벌러 타지로 떠난다. 학교가 끝나도 텅 빈 집으로 가기 싫었던 열한 살 소년은 몇 달에 걸쳐 학교 도서실 바닥에서 꼭대기까지 쌓인 책이란 책은 모두 다 씹어 삼킨다. 어두워지는 줄도 모르고 책을 읽는 소년을 위하여 퇴근도 못 하고 늦게까지 도서실 문을 열어 두고 그 소년의 책상에 자신의 호주머니를 털어서 산 등불을 말없이 놓아 주는 여선생님도 있었다.

시인은 당시의 자신을 두고 '어두운 잠실 속 누에가 푸른 뽕잎을 사각사각 먹어 치우듯 사락사락 책장을 먹어 삼켰다'고 표현한다. 그곳에서 그는 운명처럼 '강소천'의 시를 접하고, 그때부터 시를 쓰기 시작한다.

엄마는 여천 공단에 돈 벌러 가서 1주일에 한 번씩 집에 왔다. 소년은 누나와 어린 여동생과 저녁이면 전깃불도 들어오지 않는 집에서 살아간다. 저자는 꿈결처럼 아련하게 저자 특유의 짤막짤막한 문체로 어린 시절의 이야기를 들려준다. 특별히 슬픈 장면이 나오는 것이 아닌데도 소년의 외로움과 슬픔이 고스란히 전해지는 신기한 책이었다.

시인은 '이 책은 나의 소년 시대 이야기다. 1960년대, 그러니까 불과 두 세대 전의 이야기이다. (중략) 언제부턴가 너무 빨리 잃어버린 원형의 것들이, 인간성의 순수가, 이토록 순정하고 기품 있는 흙가슴의 사람들이 바로 얼마 전까지 있었다. 이제 다시는 돌아갈 수 없는 가슴 시린 나의 풍경이었다'고 작가의 말에서 밝힌다.

고흥군 동강면에 가면 일제 강점기에 지어진 면사무소를 새 단장하여 개관한 〈동강역사문화관〉이 있다. 자랑스러운 동강 사람 셋을 소개하고 있는데 그중 한 명이 바로 박노해 시인이다. 그는 함평에서 태어났지만 어려서 이 지역에 이사하여 선린상고(야간)에 진학하기 전까지 살았다.

시인이 1984년 스물일곱 살에 펴낸 첫 시집『노동의 새벽』은 독재 정권의 금서 조치에도 100만 부 가까이 발간되었다. 1994년 군부 정권에서 사형을 구형받아 무기수로 독방에 갇혔다. 7년 6개월 만인 1998년에 석방되어 이후 민주화 운동 유공자로 복원됐으나 국가 보상금을 거부했다. 2000년 "과거를 팔아 오늘을 살지 않겠다."며 권력의 길을 뒤로하고 비영리단체 〈나눔 문화〉를 설립했다. 지금까지 세 권의 시집과 『사람만이 희망이다』는 옥중 에세이집과 사진 에세이집, 경구집을 펴냈으나 온전히 자신의 이야기를 한 건 이번이 처음이다.

어린 시절을 어찌 이리 세세하게 기억하는지 놀라웠다. 이웃과 더불어 살아가는 공동체 문화가 살아 숨 쉬는 그 시절이 호랑이 담배 피던 시절 이야기처럼 아득했다. 세어 보면 바로 내 어린 시절 이야기기도 했다. 영특한 소년 평이처럼 그 시절을 세밀히 그릴 수 있는 능력은 없지만 글에 등장하는 여러 사건은 내가 어렸을 때 본 이웃 이야기이기도 했다.

이 책이 내게 특별하게 와 닿은 건 그는 작년까지 내가 근무했던 학교의 졸업생이었다. 글에 등장하는 노동산, 동강장, 갯벌, 동강공소, 벌교역은 풍경을 그릴 수 있으리만치 익숙하고, 행간에 쓰인 사투리는 정겨웠다. 그는 작년에 개교 100주년을 맞아 펴낸 〈동강초 100년사〉에 실을 수 있도록 시를 보내 주었다. 그를 이름으로만 기억하는, 시를 잘 모르는 내게도 시인의 진심이 전해져서 전문 작가에게 글과 그림을 의뢰하고 작품을 표구하여 현관에 걸었다. 책을 읽고 나니 왜 그가 이런 시를 썼는지 이해하고도 남았다.

아이는/ 온 우주를 한껏 머금은 장엄한 존재// 지금 작고 갓난해도/ 영원으로부터 온 아이는/ 이미 다 가지고 여기 왔으니// 이 지구별 위를 잠시 동행하는 아이들에게/ 나는 한 사람의 좋은 벗이 되어주고,/ '뜨거운 믿음의 침묵'으로 눈물의 기도를 바칠 뿐이니// 아이야, 착하고 강하여라/ 사랑이 많고 지혜로워라/ 아름답고 생생하여라// 맘껏 뛰놀고 기뻐하고 감사하며/ 네 삶을 망치는 것들과 싸워가라/ ('동강의 아이들아' 일부, 박노해 시)

'화향백리(花香百里, 꽃의 향기는 백 리를 가고), 인향만리(人香萬里, 사람의 향기는 만 리를 간다)라고 하였다. 박노해 시인의 향기가 진하다. (2024)

행복은 강도보다는 빈도

　전라남도학생교육문화회관에서 '사계절 인문학' 강연이 있었다. 봄, 여름, 가을, 겨울에 한 번씩 작가 초청 강의가 열리는데 어제는 김경일 인지심리학자 교수가 강연자였다.

　지난 4월에 정우철 도슨트, 10월에 '느리게 나이드는 습관'의 저자 서울대 정희원 교수, 11월에 텔레비전 '이혼숙려캠프'에서도 볼 수 있는 이호선 교수로 이어진다. 우리나라 내로라하는 명강사를 우리 지역에서, 그것도 전라남도교육청 소속 교직원으로 만날 수 있으니 행운이 아닐 수 없다.

　교직원뿐만 아니라 지역민과 학부모도 많이 참석했는지 사전 신청으로 436석의 객석이 이미 만석이라고 했다. 김경일 교수는 『이끌지 말고 따르게 하라』, 『김경일의 지혜로운 인간 생활』 등의 10여 권의 저서를 썼으며 「어쩌다 어른」을 비롯해 다양한 방송 프로그램에 출연해 대중에게 많이 알려진 사람이다.

　아쉽게도 나는 그를 이름 석 자로만 기억할 뿐, 그가 쓴 책을 읽거나 그가 나오는 프로그램을 본 적이 없다. 지난 7월에 학교에 공문이 오자 신청하고서, 막상 2학기가 시작되고 학교가 바빠지자 망설였다. 그런데, 웬걸. 안 갔더라면 후회할 뻔했다. 강의는 시종일관 유쾌했다. 몇 분에 한 번씩 웃음이 터졌다. 그러면서도 뼈가 있어서 배우는 게 많았다. 대중의 마음을 사로잡는 그의 탁월한 강의력에 박수를 보낸다.

몇 년 전 한창 강의하고 다닐 때 그랬다. 지금 제 강의를 듣는 선생님들은 재수 없으면 120세까지 산다고. 그런데 그것조차 틀렸다는 걸 이번 강의를 듣고 깨달았다. 여러분은 올해 태어나는 신생아의 평균 수명이 몇 세쯤이라고 생각하는가? 놀라지 마시라. 타임지는 무려 142세로 진단했다.

김경일 교수 역시 오늘 강의를 듣는 30대 미만의 약 20%는 130세까지 살 것이라고 단언했다. 인지 심리학자는 통계와 수치로 이야기하는 사람이라며 다양한 근거를 들어 이를 설명했다. 오래 사는 것만이 축복만은 아니라는 걸 우리 모두는 안다. 퇴직하고서도 10년이나 15년은 더 일해야 하는 시대가 도래한단다. 일본이 이미 70을 넘어 75세까지 일하는 시대로 변화하고 있다.

극소수의 사람을 제외한 대부분은 정년 이후에도 일해야 하는 시대가 된 것이다. 수명은 길어지고, 지금보다 더 오래 일하려면 우리는 어떻게 해야 할까? 우리나라 행복학 연구자 1인이자이 서원국 교수는 '행복은 강도가 아니라 빈도'라고 말했다. 어제 김경일 교수도 표현만 다를 뿐, 같은 이야기를 했다. 이루기 힘든 100의 강도로 기쁜 일이 한 번 생기는 것보다는 경험하기 쉬운 10의 강도 행복을 열 번 경험하는 게 더 중요하단다.

복권에 당첨되었거나, 드디어 내 명의의 아파트를 장만했거나 자녀가 대기업에 취직하는 등의 기쁜 일은 기억 저장소에 오래 남는다. 그런데 오랜만에 반가운 친구를 만나 맛있는 음식을 먹거나, 며칠을 끌던 부부간 갈등이 풀렸거나, 정성을 쏟아 지도한 우리 반 아이가 대회에 나가 상을 받았거나 1년을 계획해 실천한 보고서가 연구대회에서 입상한 일은 그 순간은 기뻤을지 몰라도 곧 잊고 만다.

잘 살려면 큰 행복 하나보다는 소소한 행복 경험 여러 번이 필요하다. 30박 31일의 세계 여행이 아니라 1박 2일 혹은 반나절만이라도 마음 맞는 사람과의 짧은 여행을 자주 하는 것이 만족감이 더크고, 행복해지는 비결이다. 그 행복한 기억은 힘든 시기를 건디고 이겨 내는 힘이 된다는 아우슈비츠 수용소를 예로 들어 설명했다.

10점짜리 행복을 오래 기억하려면 어떻게 해야 할까? 그건 바로 기록하는 거란다. 여러분은 세계 최고의 기록자가 누구라고 생각하는가? 처칠, 헬렌 켈러, 카네기? 놀랍게도 우리나라에 있다. 그는 바로 이순신 장군이다. 그가 쓴 『난중일기』에서 우리가 아는 전장의 기록은 겨우 2%에 불과하다. 나머지는 아주 평범한 하루, 경험을 상세히 기록했다.

누구와 뭘 먹거나, 부하나 백성이 말을 안 들어서 하는 하소연, 수다 떨고 장난친 이야기 등이 주를 이룬다. 재밌는 건 원균 뒷담화가 여섯 번째로 많다는 거다. 임진왜란이 일어나는 7년 동안 무려 쉰여덟 번이나 언급됐다. 그가 밉긴 미웠던 모양이다. 민족의 영웅으로 추앙받는 이순신 장군도 결국 평범한 인간이었다는 걸 알 수 있는 소중한 기록이라는 점에서 『난중일기』는 귀하다. 기회가 되면 읽어보고 싶다.

다혈질이 많은 한국인은 스트레스가 높다. 그리고 그 스트레스의 주범은 주로 인간관계에서 비롯된다. 하여 모든 관계를 끊고 자발적인 외톨이가 되면 스트레스가 줄어들까? 김경일 교수는 단호하게 아니라고 말했다. 외로움은 스트레스를 심화시킬 뿐이다. 힘들고 고단한 일이 있더라도 사람 사이에서 풀어나가는 게 현명하게 세상을 사는 방법이란다.

그러면서 이순신 장군의 일기 한 토막을 들려 줬다. 이순신 장군이 백성과 부하들이 말을 듣지 않아서 관직을 그만둘 결심을 했다. 부하들이 말릴 줄 알았더니 오히려 짐을 싸더란다. 친하게 지내던 대장장이가 송별 인사를 하겠다며 찾아왔다. 그를 맞이하러 밖으로 나갔는데 마침 돌문어와 갓김치를 들고 가는 사람이 있어서 조금만 내려놓고 가라고 했다. 대장장이와 밤늦도록 먹고 떠들었더니 마음이 풀렸다. 다음 날 아무렇지 않게 출근했다.

좋은 사람과 맛있는 걸 먹으면서 수다 떠는 것으로 행복해진 경험은 누구나 있을 것이다. 아직 일어나지 않은 일로 하는 고민은 이제 그만, 미래의 행복을 위해 오늘의 즐거움을 놓치지 말자. 그리고 그 사소한 즐거움을 짧게라도 자주 기록하자.

센스 만점 사회자가 진행하는 대담까지 듣고 나니 끝난 시각이 아홉 시 반, 함께 간 언니 둘을 각자의 집에 모셔다드리고 집에 오니 밤 열 시가 넘었더라. 그래도 충만한 기쁨으로 오늘이 배부르다.

(2025)